Les plus beaux
# **Villages du Vin** de France

Une production Archipel studio
10, rue Louis-Bertrand
94200 Ivry-sur-Seine



Direction d'ouvrage :
Jean-Jacques Brisebarre

Conception graphique :
Thomas Brisebarre

Édition :
Juliette Neveux, Céline Quétier

Mise en pages :
François Leclerc

Secrétariat d'édition :
Juliette Andrieu, Catherine Lucchesi

ISBN : 2-080108-66-2
N° d'édition : FA 0866
Dépôt légal : octobre 2002

Achevé d'imprimer en août 2002
Imprimé en Italie

Imprimé sur papier Uni Matt 150 g/m²
produit par Sappi, distribution
Papeteries de France.

François Morel

# Les plus beaux **Villages du Vin** de France

Flammarion

MANCHE
ATLANTIQUE
MÉDITERRANÉE
Sierck-les-Bains
Metz
Reims
Épernay
Hautvillers
Aÿ
PARIS
Montmartre
Seine
Marne
STRASBOURG
Riquewihr
Kientzheim
Colmar
Eguisheim
Les Riceys
Auxerre
Chablis
Irancy
Vézelay
Armançon
Yonne
Saône
Loire
Cheverny
Beuvron
Savennières
Angers
Ancenis
NANTES
Clisson
Tours
Vouvray
Bourgueil
Saumur
Turquant
Azay-le-Rideau
Chinon
Sancerre
Cher
Indre
Vienne
Sèvre Nantaise
Dijon
Vougeot
Pernand-Vergelesses
Beaune
Arbois
Dezize-lès-Maranges
Château-Chalon
Châlon-sur-Saône
Saint-Pourçain-sur-Sioule
Sioule
Mâcon
Solutré-Pouilly
Cerdon
Vaux-en-Beaujolais
Oingt
LYON
Rhône
Chignin
Arbin
Vienne
Condrieu
Allier
Charente
Isle
Blaye
Margaux
Fronsac
Libourne
BORDEAUX
Dordogne
Saint-Émilion
Bergerac
Sauternes
Saint-Macaire
Cahors
Lot
Marcillac
Aveyron
Garonne
Tarn
Gaillac
Madiran
Pau
Toulouse
Irouléguy
Gave du Pau
Valence
Montélimar
Durance
Grignan
Suze-la-Rousse
Orange
Séguret
Gigondas
Caromb
Avignon
Châteauneuf-du-Pape
Nîmes
Ménerbes
Bonnieux
Saint-Roman-de-Bellet
Nice
Montpellier
Les Baux-de-Provence
Roquebrun
Aix-en-Provence
Béziers
Saint-Maximin-la-Sainte-Baume
Minerve
Brignoles
MARSEILLE
Toulon
Cassis
Lagrasse
Aude
Collioure
Banyuls
Patrimonio
BASTIA
Ville ou village du vin cité dans l'ouvrage
Ville repère
Région viticole

# Sommaire

# Introduction

Le vin est par essence et par définition produit de terroir. En tout cas le vin authentique. Le principe même des appellations françaises est enraciné dans la notion d'origine, dans l'extraordinaire diversité des régions avec leur singularité climatique, géologique, culturelle… Les AOC de France s'énoncent comme une symphonie de villages – petits hameaux ou grosses bourgades – aux noms évocateurs, aux architectures typées, aux traditions fièrement revendiquées : ils disent au visiteur, par leur configuration, leur habitat, leurs monuments, que le vin, ce n'est pas seulement le produit de la vigne, mais aussi une histoire, un mode de vie, un destin collectif. Il suffit de parcourir, par exemple, les rues d'Eguisheim ou de Kientzheim, de Turquant ou de Bourgueil, d'Irancy ou de Pernand-Vergelesses, de Margaux ou de Saint-Émilion, de Grignan ou de Châteauneuf-du-Pape, de Minerve ou de Collioure, pour sentir l'identité profonde des vins d'Alsace, du Val de Loire, de Bourgogne, du Bordelais, de la vallée du Rhône ou du Languedoc-Roussillon, avant même de les découvrir verre à la main dans la cave d'un vigneron.
Images du vignoble qui s'associent aux goûts et aux saveurs du vin, les villages choisis le sont donc – parmi tant d'autres – pour leur personnalité et pour leur représentativité viticole. Ils dessinent une géographie des provinces, une cartographie de l'âme du vin. Ils donnent un visage concret aux sensations les plus subtiles et les plus fugaces, et enrichissent la mémoire de l'amateur de belles et bonnes choses…

## Un voyage dans les vignobles de France

Ce voyage dans la France des vignobles, partant de Paris – pour rappeler que l'Île-de-France fut jadis une des plus importantes régions viticoles du pays… –, va nous conduire à travers les provinces en longeant les côtes et les vallons, les grands fleuves et les rivières, les plateaux et les plaines où les hommes ont su, au fil des siècles, trouver une adéquation entre un ou des cépages et un terroir.
Ainsi vont se succéder le large paysage champenois et les coteaux lovés dans les pentes alsaciennes, la mosaïque des « climats » bourguignons et les verdoyants villages du Beaujolais, le rude piémont jurassien et les vallées montagnardes de Savoie, les rives généreuses du Rhône et les pays du soleil de Provence, les escarpements du Languedoc et du Roussillon et les contreforts pyrénéens, les terres de caractère du Sud-Ouest et les croupes élégantes du Bordelais, le charme lumineux des Pays de Loire et la saveur rustique du centre de la France, jusqu'à Saint-Pourçain-sur-Sioule, le plus surprenant parmi les premiers des « crus » historiques…
Une large spirale qui nous entraîne dans le tourbillon des cépages, grands noms prestigieux ou autres moins connus, parfois même rares. Tous capables de dire, dans le vin, le secret du pays où ils croissent. Car, nous rappelle Colette, « la vigne et le vin sont de grands mystères. Seule, dans le règne végétal, la vigne nous rend intelligible ce qu'est la véritable saveur de la terre », cette terre dont chaque village est une parcelle sans pareil.

Site et vignoble exceptionnels, village à la fois modeste et prestigieux, Château-Chalon incarne la richesse des terroirs viticoles de France.

# Montmartre

PARIS

Au milieu des vignes de Montmartre et des maisons de la Butte, une confrérie angevine en visite confraternelle à l'occasion de quelque festivité bachique.

Le Montmartre d'aujourd'hui, avec ses rues tortueuses qui montent à l'assaut du Sacré-Cœur et de la place du Tertre, avec ses commerces et ses touristes, rend mal compte de ce qu'étaient la Butte et le village d'avant l'annexion à Paris en 1860 et l'intégration au 18e arrondissement. Seul le Clos Montmartre, acquis par la Ville de Paris et reconstitué en vignoble en 1933, perpétue le passé.

### Les vins de Paris

Le Clos Montmartre, longtemps seul vignoble parisien renaissant, a été rejoint par le Clos des Morillons, planté de pinot noir en 1983 dans le parc Georges-Brassens (15e arrondissement) sur l'emplacement des abattoirs de Vaugirard, puis par la vigne du parc de Bercy, implantée en 1996 sur le site des célèbres entrepôts de vin (12e arrondissement), et enfin par la vigne du parc de Belleville (20e arrondissement), qui domine tout Paris. L'Île-de-France n'est pas en reste, avec le Clos du Pas Saint-Maurice à Suresnes – la plus grande et la plus « sérieuse » des vignes franciliennes –, le vignoble d'Argenteuil et bien d'autres encore, de plus en plus nombreux. Au point qu'une Association des vignerons franciliens réunis a été créée en 2000 pour fédérer les producteurs des quelque trente mille bouteilles annuelles de ces vins « historiques ».

### Les crus parisiens

Comme de nombreux villages limitrophes de la capitale, Montmartre était jadis couvert de vignes, et son vin jouissait d'une belle réputation depuis le début du Moyen Âge. Le breuvage avait, semble-t-il, de curieuses propriétés : « C'est du vin de Montmartre, qui en boit pinte en pisse quarte ! » Il faut rappeler qu'au XVIIe siècle, à l'époque de ce dicton, la pinte valait 0,93 litre tandis que la quarte représentait 67 litres… Vignes, petites maisons, jardins et moulins formaient alors le paysage. À vrai dire, toutes les buttes et collines de Paris et de l'Île-de-France étaient plantées de vignes et constituaient un des plus grands vignobles de France, de la montagne Sainte-Geneviève à Vaugirard, de Belleville et Charonne à Suresnes et Argenteuil. Les maladies de la vigne au XIXe siècle, la révolution du transport ferroviaire et plus encore la croissance urbaine ont ruiné un vignoble qui ne réapparaît au XXe siècle qu'en petites parcelles du souvenir et de la nostalgie…

### Le Clos Montmartre

Alors que la butte Montmartre a perdu de son aspect campagnard pour devenir un paradis des guinguettes et des cabarets – dont le fameux Lapin Agile – où se retrouve la bohème artistique, le Clos renaît en 1933 à l'initiative du peintre montmartrois Poulbot. À l'ombre de la massive basilique édifiée après la défaite de 1870, la parcelle pentue sise à l'angle de la rue Saint-Vincent et de la rue des Saules comporte aujourd'hui 1 556 mètres carrés de gamay, de pinot noir et de cépages divers dont des hybrides, mille sept cent soixante-deux pieds de vigne qui, exposés au nord, ne donnent assurément pas un grand vin ! Mais le but est ailleurs : perpétuer une tradition, maintenir vivant un folklore où ban des vendanges, fête des vendanges et autres festivités bachiques trouvent leur aboutissement dans une vente de bienfaisance des rares – mais logiquement coûteuses – bouteilles du cru.

# Ay

CHAMPAGNE

Au pied des vignes qui escaladent les coteaux environnants (page de droite), Ay dresse le clocher pointu de son église dans le ciel de Champagne.

« Dans la mousse d'Ay luit l'éclair d'un bonheur… » L'image lumineuse d'Alfred de Vigny résume ce qui fait la renommée de la bourgade, au cœur géographique de la Champagne. Sa situation sur la rive droite de la Marne dans le vignoble qui borde la vallée, mais à la limite sud du vignoble de la Montagne de Reims et en face du début de la Côte des Blancs sur la rive gauche, lui confère un privilège remarquable. Tellement remarquable, au milieu de terroirs de qualité exceptionnelle mais de caractères différents, que très tôt la vigne a été une activité prépondérante du village : les vins « de la Rivière », et plus précisément les vins d'Ay, ont longtemps été une production de rouges pâles très appréciés à Paris et dans le Nord, avant de devenir beaucoup plus tard – lorsque la couleur blanche sera de règle et l'effervescence un style maîtrisé – ce qu'on appellera champagne…

### Grands terroirs

Entouré de coteaux de vignes classées 100 % – selon le principe champenois qui indique la valeur de la récolte par rapport au prix maximum fixé par le négoce –, Ay constitue un des dix-sept grands crus répartis exclusivement, à côté des quarante et un premiers crus, entre la vallée de la Marne, la Montagne de Reims et la Côte des Blancs. Les cépages noirs – pinot noir et pinot meunier – sont largement dominants dans le terroir d'Ay, ne laissant qu'une faible place au chardonnay ou à quelques cépages « oubliés », néanmoins intéressants, tel le petit meslier. Comme dans tous les beaux terroirs champenois, le sol est caractérisé par une profonde couche de calcaire crayeux et poreux, excellent régulateur hydrique et thermique dont le rôle est déterminant dans ce vignoble septentrional. Et matériau idéal pour l'architecture et… les caves à champagne.

### Un centre prestigieux

Ces vins qui « tiennent le premier rang en bonté et perfection », selon l'aimable La Framboisière, médecin d'Henri IV, assurent une immense réputation à Ay. Et cela peut se lire dans le village. Certes les remparts ne se devinent que par le tracé des boulevards et quelques vestiges, notamment à proximité du fameux Clos Chaudes Terres de la maison Bollinger, planté en rares « vieilles vignes françaises » de pinots noirs non greffés. Maisons anciennes – tels le pressoir que possédait Henri IV à l'ombre de la belle église de pur gothique flamboyant, ou le pressoir et la Maison des chambellans de François I$^{er}$ –, nombreuses cours fermées, quasi imprenables en cas d'affrontement, seulement accessibles par d'étroits passages, l'histoire se lit rue après rue. Et plus près de nous, les admirables hôtels particuliers qui bordent depuis le XIX$^{e}$ siècle la rue Jeanson témoignent de la prospérité des maisons champenoises et des négociants qui ont fait le choix d'Ay, telle la maison Gosset, de loin la pionnière en 1584. L'un d'eux, dit villa Bissinger, abrite aujourd'hui l'Institut international des vins de Champagne.

# Hautvillers

CHAMPAGNE

Hautvillers est réputé pour ses superbes enseignes de vignerons, notamment celles que réalise la ferronnerie Babé à Cramant..

Village situé à flanc de coteau sur la rive droite de la Marne en bordure sud de la Montagne de Reims et dominant la rivière en face de la ville d'Épernay, Hautvillers est le cœur à la fois historique et symbolique de la Champagne. Dès sa fondation au VII^e siècle, l'abbaye bénédictine d'Hautvillers est appelée à un rôle important. Son atelier de copistes et d'enlumineurs est un des grands pôles artistiques des temps carolingiens. Et, très tôt, les vins « de la Rivière » se distinguent des vins « de la Montagne », originaires du versant nord de la Montagne de Reims. Ils passent pour être parmi les meilleurs vins de « France », c'est-à-dire d'Île-de-France, bien avant que la notion d'appellation champenoise n'apparaisse.

## Le pays de dom Pérignon

Ces vins plus ou moins « gris » ou « clairets » vont mettre des siècles à devenir du champagne. Ce n'est en effet qu'au XVII^e et au début du XVIII^e siècle que dom Pérignon et les moines de l'abbaye Saint-Pierre d'Hautvillers parviennent à maîtriser le vin et cette capacité à mousser qui lui donne définitivement une place d'exception

### Dom Pérignon

Procureur et cellérier de l'abbaye d'Hautvillers en plein siècle de Louis XIV, dom Pérignon a joué un rôle clé dans la genèse du champagne. Sans en être l'inventeur, comme le voudrait une légende née dès sa mort, il est parvenu à maîtriser la couleur et la mousse, et a fait progresser la qualité du « vin de base ». Sélection des cépages – avec une prédilection pour le pinot noir –, tri de la vendange et pressurage rapide pour que le jus reste blanc, assemblage subtil de raisins issus de plusieurs terroirs, fermentation en cave fraîche – il en fit creuser une dans le roc, sur le chemin de Cumières –, soutirage et collage, mise en bouteilles de verre épais « à l'anglaise » : voilà l'essentiel de l'œuvre menée à bien quarante-sept ans durant par dom Pérignon.

bientôt reconnue et appréciée du monde entier. Une bonne part de l'histoire – et de la légende – de ce vin spirituel et festif vient de ce village et de son austère abbaye dont il reste aujourd'hui, après multiples destructions et reconstructions, l'abbatiale – simple église paroissiale depuis la Révolution – édifiée aux XVIe et XVIIe siècles. Elle renferme deux pierres tombales qui résument la Champagne viticole, celle de dom Pérignon bien sûr et celle de son ami dom Ruinart, qui aurait redécouvert, pour l'usage du vin effervescent, les « crayères » souterraines gallo-romaines de Reims. Les bâtiments conventuels, quant à eux, sont devenus propriété de la maison de champagne Moët et Chandon. Demeures anciennes avec leur portail en « anse de panier », souvent égayées d'enseignes en fer forgé, sobres architectures de moellons de craie et de briques, rues en pente offrant des perspectives sur le vignoble environnant jusqu'à Cumières ou Dizy, ou sur la Marne : Hautvillers, comme tout village vigneron champenois, respire l'atmosphère de labeur qui accompagne la naissance complexe du champagne. Ce n'est qu'après une longue et savante élaboration que la fête peut commencer…

L'abbaye bénédictine de Hautvillers, rendue célèbre par dom Pérignon, est un des hauts lieux du vignoble champenois.

# Les Riceys

CHAMPAGNE

Aux Riceys, tout marche par trois. Le pluriel réunit en un trois villages : Ricey-Bas, Ricey-Haute-Rive et Ricey-Haut, distincts par leur situation par rapport à la Laignes, le petit affluent de la Seine qui arrose la vallée verdoyante. La commune, la plus importante de toute la Champagne viticole, est aussi la seule à pouvoir décliner trois appellations : Champagne, bien sûr, pour les vins effervescents, Coteaux Champenois pour les vins « tranquilles » et Rosé des Riceys pour la spécialité exclusive du pays, également « tranquille ».

## Aux confins de la Champagne et de la Bourgogne

À l'extrême sud de l'Aube, au point de rencontre des provinces de Champagne et de Bourgogne – Tonnerre et Chablis sont tout proches –, mais intégré depuis le début du XX^e siècle à l'aire viticole champenoise, le pays des Riceys cultive ses particularismes avec naturel. Dans un paysage fortement vallonné où alternent vignes, bois et prairies, la bourgade s'enorgueillit de l'abondance de ses monuments : l'imposante église de Ricey-Bas, en partie du XIII^e siècle, celle de Ricey-Haute-Rive, élégant édifice du XVI^e siècle, celle,

### Le rosé des Riceys

Sur les 866 hectares viticoles de la commune des Riceys, seuls 350 – les meilleurs coteaux, exposés au sud – sont aptes à faire du rosé des Riceys. Mais, dans la réalité, il n'y a que 35 ou 40 hectares de pinot noir, le seul cépage autorisé, qui sont consacrés à la spécialité locale, et uniquement les bonnes années. L'aventure est assez risquée. Le vigneron doit en effet déclarer d'avance à l'INAO les parcelles qu'il destine au rosé et qui vont ainsi être contrôlées : raisins sains et degré potentiel au moins égal à 10° sont exigés. Et une fois vinifié, le vin est soumis à une dégustation officielle qui accorde – ou refuse – le label Rosé des Riceys. La vinification passe par une macération courte des raisins et une fermentation rapide de quelques jours, très surveillée : la décuvaison doit être menée sans tarder à l'instant où la couleur rosée vermeille est atteinte et où surtout le « goût des Riceys » semble parfait. Ce goût nuancé de cerise, de fraise, de framboise, de groseille, de violette, avec une touche d'amande et de noisette…

curieuse, de Ricey-Haut, des XV$^{e}$ et XVI$^{e}$ siècles, le château de Ricey-Bas, à la fois médiéval et classique, ou encore les nombreuses petites chapelles qui parsèment le territoire communal. Mais aussi, plus modestes, les « cadoles », abris anciens de pierres sèches qui ponctuent le vignoble de leur silhouette primitive, ajoutant encore au charme des vallons et des chemins. Autre particularisme, le rosé des Riceys, tradition préservée jusqu'à nos jours, sans doute assez proche de ce qu'était jadis le vin de la Champagne, avant qu'il soit « champagne ». D'un art exigeant, surtout dans un contexte où la production est évidemment très majoritairement du vin effervescent, ce rosé sans bulles reste rare et confidentiel. Mais il est reconnu par les amateurs avertis comme un des meilleurs et des plus originaux rosés de France.

Les villages des Riceys, à la belle architecture de pierre sur fond de coteaux de vignes et de crêtes boisées, s'inscrivent aux confins de la Champagne et de la Bourgogne.

# Sierck-les-Bains

MOSELLE

Sur les rives pentues de la Moselle, vignes et belles demeures maintiennent la tradition de la viticulture lorraine.

Ce n'est certainement pas là, sur les bords de la Moselle, qu'on imagine un vignoble, tout près de la frontière française au-delà de laquelle la rivière fait ligne de partage entre le Luxembourg et l'Allemagne. Pourtant, dans cette partie septentrionale de la Lorraine, alors que la vallée se resserre pour amorcer sa percée dans le Massif rhénan, la situation est admirable. Et les convoitises se sont à l'évidence faites nombreuses si l'on en croit les puissants vestiges du château fort de Sierck, tours et murailles qui, du haut de la colline de l'Altenberg, surveillent depuis le XIIe siècle les étroites venelles pentues du village et ses vieilles demeures, offrant aujourd'hui un magnifique point de vue sur toute la vallée de la Moselle et sur le petit ruisseau de Montenach. Ou encore, un peu plus à l'est, l'impressionnant château de Meinsberg à Manderen, œuvre lui aussi de la famille de Sierck.

## Un vignoble renaissant

Le petit vignoble des VDQS Vins de Moselle est dispersé entre le pays de Sierck, la région de Metz (vins clairets et rouges) et Vic-sur-Seille (vins gris). Sierck, le vignoble le plus septentrional, se consacre aux blancs issus essentiellement d'auxerrois, de pinot blanc, de müller-thurgau, de pinot gris et de sylvaner. L'encépagement comporte également de l'elbing, cépage allemand interdit dans les appellations françaises, mais ici planté par et pour des maisons luxembourgeoises. Avec les cépages autorisés, les vignerons lorrains produisent des blancs vifs, légers et fluides, agréables et sans prétention. Une autre partie de la viticulture lorraine est constituée par les VDQS Côtes de Toul, eux aussi renaissants.

## Des vins de Moselle

Au « pays des Trois Frontières », le « pays de Sierck » est fier d'une vocation viticole fort ancienne, couvrant les coteaux de la Moselle de vignes qui courent ensuite le long de la rive luxembourgeoise et achèvent leur parcours dans les somptueux méandres de la partie allemande de la rivière jusqu'à Coblence et la rencontre avec le Rhin. C'est pourtant un déclin apparemment irréversible qui rétrécissait toujours un peu plus le vignoble de la région de Sierck depuis la fin du XIXe siècle, avant le renouveau amorcé dans les années 1980.

En face du bourg, sur la rive gauche, au flanc de la colline du Stromberg dont le pied épouse la grande courbe de la Moselle et sur le Schliewerberg, refleurissent les cépages qui font les VDQS Vins de Moselle, blancs frais et parfumés appréciés surtout localement. Superbement situés au-dessus de la vallée, le village de Contz-les-Bains, avec sa chapelle aménagée dans le chœur de l'ancienne église du XVe siècle et son musée du Vin, et son tout proche voisin Haute-Kontz, avec sa tour-clocher romane, constituent aujourd'hui le cœur du nouveau et encore modeste vignoble.

Surplombant le village, le château fort de Sierck-les-Bains surveille depuis le Moyen Âge la vallée de la Moselle.

# Eguisheim

ALSACE

Entouré de vignes de tous côtés, Eguisheim, avec ses rues bordées de vieilles maisons à colombage, (page de droite), reste un des villages les plus attachants d'Alsace.

Dans le feston de villages plus colorés et fleuris les uns que les autres qui jalonnent les contreforts des Vosges en regardant la plaine d'Alsace vers Colmar, Eguisheim tient une place d'exception. Le site – le vieux village et le vignoble – compose un tableau alsacien si parfait qu'on le dirait sorti de l'imagerie du dessinateur Hansi. Au tournant du premier millénaire, son nom était déjà en tête des quelque cent soixante villages d'Alsace connus pour leur viticulture.

### Le riesling, le gewurztraminer et les autres...

Dans leur diversité, les terroirs du vignoble alsacien jouent d'une subtile combinatoire avec la vaste famille de leurs cépages. Les grands crus d'Eguisheim en sont un bon exemple. L'Eichberg, de nature marno-calcaire, exposé au sud-est et bien protégé, jouit d'un microclimat particulièrement chaud et sec propice au gewurztraminer, mais aussi au riesling et au tokay-pinot gris. Ses vins sont à la fois fins et opulents.

Le Pfersigberg, plus calcaire, orienté à l'est-sud-est, favorable à une maturité très précoce du raisin, est le terroir d'élection du gewurztraminer mais convient aussi au riesling, avec des vins riches et élégants.

### Une place forte du vignoble alsacien

Jadis capitale d'un puissant comté, Eguisheim campe solidement au milieu de ses remparts et déroule ses rues en cercles concentriques à caractère défensif. Le cœur du village est serré autour de l'enceinte octogonale du château médiéval – haut lieu de l'histoire alsacienne – et de l'église qui conserve son clocher et son tympan roman, dense réseau d'étroites maisons à colombage aux torchis hauts en couleur, de cours dîmières qui disent l'importance du rôle joué par la cité au Moyen Âge, et de petites places partagées entre le soleil et l'ombre. Pour l'amateur de vin, « winstubs » et caveaux de dégustation déclinent avec bonheur la convivialité alsacienne...

Aux portes d'Eguisheim, le vignoble part à la conquête des coteaux qui grimpent derrière les dernières maisons et des vastes parcelles qui descendent dans la plaine. Ce sont bien sûr les coteaux qui offrent les meilleurs terroirs, ceux notamment des très réputés grands crus Eichberg et Pfersigberg, sous la haute protection des Trois Châteaux d'Eguisheim couronnant le sommet boisé de la colline du Schlossberg. Trois donjons, devrait-on dire, massifs vestiges des châteaux médiévaux – le Weckmund, le Wahlenbourg et le Dagsbourg – qui surveillaient la vallée de leur position élevée et qui aujourd'hui imposent leurs silhouettes symboliques sur tout le vignoble et les villages alentour.

Autre élément, et non des moindres, du paysage : la cave coopérative, très visitée. Dans une région où l'outil collectif a joué un rôle déterminant, la cave vinicole d'Eguisheim, créée en 1902, a été une des premières d'Alsace et reste aujourd'hui la plus importante.

Auberge
du
Rempart

# Kientzheim

ALSACE

Places, puits, maisons anciennes font le charme typique de Kientzheim dans la longue suite des villages vignerons sis au pied des coteaux (ci-contre).

On ne sait ce qu'il faut admirer le plus à Kientzheim, l'humour du « Lallakenig » ou « Lalli » qui, sculpté à la porte est du village, tire la langue à l'éventuel envahisseur depuis plus de quatre siècles, ou le sérieux imposant du château, chargé du souvenir des comtes de Lupfen et plus encore de Lazare de Schwendi, aujourd'hui devenu siège de la toute-puissante confrérie Saint-Étienne et du très instructif musée du Vignoble et des Vins d'Alsace… En vérité, tout est admirable dans la bourgade parfaitement dessinée par son mur d'enceinte du XIVe siècle, au bord de la route qui descend la vallée de la Weiss, venant du village tout proche de Kaysersberg et continuant sur Sigolsheim pour rejoindre la plaine.

## Des vignes de toutes parts

La tour des Bourgeois à l'ouest, la tour des Voleurs à l'est, au milieu l'église – en partie gothique – qui abrite le tombeau de Lazare de Schwendi, grande figure locale, auquel la légende attribue l'introduction du cépage tokay. Et tout autour les maisons anciennes et cossues,

### Tokay ou pinot gris ?

Une légende tenace fait venir le tokay du lointain vignoble de Hongrie, rapporté à Kientzheim au XVIe siècle par Lazare de Schwendi au terme d'une campagne contre les Turcs. Il n'en est rien. Sans rapport avec l'un ou l'autre des cépages qui font le très étonnant vin des collines de Tokay, le tokay d'Alsace est en fait le pinot gris, de vieille implantation dans le vignoble français, jadis appelé fromenteau en Champagne et en Île-de-France ou pinot beurot en Bourgogne. Il n'en reste pas moins que les premières mentions de ce cépage en Alsace apparaissent sur le finage de Kientzheim. Il fait aujourd'hui partie des quatre cépages « nobles » du vignoble alsacien : très précoce, il donne des vins riches et épicés, ronds et gras, et montre une belle aptitude aux « vendanges tardives » et à la « sélection de grains nobles ».

les petites places et les puits qui perpétuent le charme inchangé du village. Enfin, au ras des remparts, les vignes de tous côtés, descendant des hauteurs couronnées de bois pour composer les grands crus et les meilleurs lieux-dits avant d'envahir les terres plus plates. Le Schlossberg, le premier grand cru alsacien à avoir été reconnu en 1975, pousse ses terrasses de riesling jusqu'au puissant donjon de l'ancien château médiéval de Kaysersberg, dominant le bourg – un des plus typiques d'Alsace – et son pont fortifié sur la Weiss. Le Furstentum, chaud et bien abrité, étonnamment accueillant à la flore méditerranéenne, aime le gewurztraminer et le tokay-pinot gris. Au-dessus de Sigolsheim, le Mambourg est presque entièrement voué à la luxuriance du gewurztraminer. Les lieux-dits, Grafreben ou Altenbourg, partagent les mêmes pentes ou épousent les bords de la Weiss, tel le Patergarten entre Kientzheim et Kaysersberg. Diversité des terroirs et des cépages : quelques-unes des plus belles pages de la grande symphonie alsacienne s'écrivent assurément autour de Kientzheim.

# Riquewihr

ALSACE

Entouré d'une mer de vignes, Riquewihr est véritablement le cœur du vignoble d'Alsace. D'abord géographiquement, par sa situation centrale sur la Route du vin qui sinue de village en village le long des collines sous-vosgiennes, de Thann à Marlenheim. Ensuite historiquement, par l'importance de son rôle dans la viticulture alsacienne. La prospérité de Riquewihr est attestée, dès le haut Moyen Âge, par son nom même, qui évoque la « richesse » du lieu et de ses habitants…

## Un village-musée

L'architecture du village est éloquente, avec ses fortifications quadrangulaires de la fin du XIIIe siècle et notamment la tour du Dolder, porte haute du côté ouest, et la tour des Voleurs, ancienne prison. À l'apogée de son opulence – au cours des XVIe et XVIIe siècles –, le village s'enrichit du château des ducs de Wurtemberg et surtout de maisons qui demeurent le plus admirable ensemble architectural traditionnel d'Alsace, véritable musée qui justifie le

Riquewihr dans son entier – rues, ruelles, places et monuments – est classé Monument historique.

### Terroirs et cépages

Les vins d'Alsace se définissent par leur cépage. Mais, prolongeant la renommée séculaire de ses meilleurs terroirs, l'Alsace a délimité à partir de 1975 une cinquantaine de grands crus où la qualité du sol et de l'exposition est en accord idéal avec l'un – ou plusieurs – des quatre cépages « nobles » alsaciens, riesling, gewurztraminer, tokay-pinot gris et muscat. Quand les conditions sont favorables, cette aristocratie du vignoble peut se sublimer – comme les autres vins d'Alsace, mais avec une excellence exceptionnelle, par exemple dans le Schoenenbourg de Riquewihr – par la vendange en surmaturité (« vendanges tardives ») ou par les tries successives de raisins atteints de la « pourriture noble » propre aux grands vins liquoreux (« sélection de grains nobles »).

Maisons à colombage aux couleurs chatoyantes, enseignes en fer forgé, tout contribue à faire de Riquewihr un véritable musée vivant.

classement de Riquewihr en son entier comme Monument historique : façades à colombage, toits de tuiles en « queue de castor », cours à galeries, oriels (loges en saillie), fontaines, puits, etc. Chacune de ces maisons a son charme propre et ses particularités : la maison Liebrich, la maison Behrel, la maison Kiener, la maison Dissler ou encore l'hôtellerie de l'Étoile, jadis lieu de réunion de la puissante corporation des vignerons fondée au XVIe siècle.

## Un grand finage

Très tôt, Riquewihr s'est distingué par la qualité de ses terroirs et l'intransigeance de ses vignerons. Au nord du village, le coteau du célèbre Grand Cru Schoenenbourg, en belle exposition sud, convient magnifiquement au riesling, le grand cépage rhénan. Au sud-est, les pentes plus douces du Grand Cru Sporen sont particulièrement propices au gewurztraminer et au tokay-pinot gris. Deux perles parmi les crus prestigieux du vignoble alsacien, qui donnent depuis des siècles à Riquewihr ses lettres de noblesse.

Avec ses grands terroirs – tel le Schoenenbourg qui descend jusqu'au pied des fortifications –, Riquewihr mérite son surnom de « Perle du vignoble » (double page suivante).

# Beaune

BOURGOGNE

Beaune, prestigieuse et admirable capitale des vins de Bourgogne ! Longtemps elle a donné son nom aux vins de la Côte-d'Or avant qu'ils ne se revendiquent, à partir du XVe siècle, vins de Bourgogne. Aujourd'hui encore, elle identifie la moitié sud de la côte et la vaste appellation qui s'allonge à l'ouest de la cité. C'est que Beaune – même si son nom évoque l'antique patronage de Bélénos, le dieu celte des sources… – s'est très tôt organisée autour du vin et de son commerce. Dès les XIIe et XIIIe siècles, un temps capitale des ducs avant son remplacement par Dijon, elle joue un rôle éminent dans l'essor de la Bourgogne. Elle est surtout, plus durablement, la véritable capitale du vin, son plus grand titre de gloire. C'est cette vocation précoce qui amène, tout naturellement, les grands négociants à s'implanter et à se développer à Beaune à partir du XVIIIe siècle. Et à s'y maintenir jusqu'à aujourd'hui, plus que jamais prospères, souvent en se faisant aussi propriétaires.

Des paniers anciens chargés de grappes de pinot noir sont encore là parfois pour rappeler les vendanges de jadis dans le vignoble beaunois.

## La « capitale »…

Beaune préserve admirablement une richesse architecturale à la hauteur de son rang. Bien sûr, dès le XIIIe et surtout aux XVe et XVIe siècles, des remparts viennent la protéger : murs puissants, tours et bastions – pour la plupart acquis par les grosses maisons du négoce beaunois –, fossés aujourd'hui transformés en jardins, château du XVe siècle dont il reste deux tours à l'est de l'enceinte, les témoignages abondent. Au cœur du réseau concentrique et serré des rues du centre, veille la collégiale Notre-Dame, bel exemple de roman bourguignon malgré des adjonctions gothiques. Tout autour, à chaque détour de rue, se lit la prospérité séculaire mais discrète de la cité. Ce sont des hôtels de la Renaissance – notamment celui des ducs de Bourgogne avec son cellier gothique, aujourd'hui musée du Vin de Bourgogne –, des couvents – tel celui des Ursulines, du XVIIe siècle, qui abrite à la fois l'hôtel de ville, le musée des Beaux-Arts et le musée Étienne-Jules-Marey –, des demeures anciennes et mille lieux secrets, cours, jardins, caves, escaliers, passages… Les faubourgs, hors les murs, ont aussi leurs trésors, comme le quartier vigneron qui regroupe au nord de la ville ses maisons typiques autour de la flèche élancée du clocher de l'église Saint-Nicolas, élevée au XIIIe siècle, au pied des coteaux de la montagne de Beaune, le « rognon de la Côte » qui égrène là quelques-uns de ses crus, les Grèves ou les Cent Vignes…

## … et ses Hospices

Le chef-d'œuvre de la cité, ce par quoi sans conteste Beaune est connue dans le monde entier, c'est l'hôtel-Dieu, élément majeur des Hospices, aujourd'hui musée et haut lieu touristique. Créé au milieu du XVe siècle par Nicolas Rolin – chancelier du duc de Bourgogne – et par sa femme Guigone de Salins pour prendre en charge les malades sans

Avec leurs somptueux
toits de tuiles vernissées,
les Hospices de Beaune
sont le symbole de la vieille
cité bourguignonne.

La Côte de Beaune n'est que vignes, dense réseau de parcelles dessiné au gré des pentes.

ressources, le vaste édifice séduit par son style d'inspiration flamande et par l'extraordinaire tapisserie colorée des tuiles vernissées de ses toits autour de la cour d'honneur. Seul le bâtiment d'entrée, doté d'une façade sobre et surmontée d'une haute flèche, se présente couvert d'ardoise. À l'intérieur, la Grand'Salle, ou « chambre des pôvres », impressionne avec ses vingt-huit lits à colonnes et l'oratoire où se déployait jadis le fameux triptyque du *Jugement dernier* peint par Rogier Van der Weyden, aujourd'hui exposé dans une salle voisine.

### Beaune et son appellation

À tout seigneur tout honneur : la cité possède sa propre AOC, vaste succession de « climats » sur la Côte qui barre l'horizon à l'ouest et culmine au mont Battois, dit « montagne » de Beaune. Entre Savigny-lès-Beaune au nord et Pommard au sud, quarante et un premiers crus occupent le milieu de coteau, essentiellement planté en pinot noir mais laissant une petite place pour le chardonnay destiné aux blancs. Regardant la ville, ils déroulent la suite savoureuse de leurs noms évocateurs : Clos du Roi, les Marconnets, les Cent Vignes, les Fèves, les Bressandes, les Grèves – et, en son sein, la fameuse Vigne de l'Enfant Jésus –, les Teurons, les Champs Pimont, les Avaux, les Boucherottes, ou encore le Clos des Mouches, réputé pour son blanc.

Depuis sa création, cette œuvre charitable est financée par les seules donations de vignes, qui composent aujourd'hui un vignoble de 61 hectares essentiellement en Côte de Beaune : la vente annuelle de cuvées devenues célèbres par leurs prestigieuses origines et par le nom

des donateurs – tel le Beaune Premier Cru les Cent Vignes « Nicolas Rolin » – est un événement exceptionnel qui attire les négociants et amateurs du monde entier, et qui indique les cours du marché. Cette vente aux enchères publiques « à la bougie » a lieu le troisième dimanche de novembre, précédée le samedi du chapitre de la Confrérie des chevaliers du Tastevin au château du Clos Vougeot et suivie le lundi de la Paulée au château de Meursault : trois journées prestigieuses, les Trois Glorieuses de Beaune.

Avec sa structure concentrique, sa collégiale et ses Hospices, Beaune conserve pour l'essentiel son aspect médiéval.

# Chablis

BOURGOGNE

Sur les bords bucoliques du Serein, Chablis occupe une position centrale au cœur du vignoble qui porte son nom.

Au fil de l'eau, dans les vallées et les vallons des rivières qui viennent grossir l'Yonne avant qu'elle rejoigne la Seine, le vignoble de basse Bourgogne brille d'un éclat singulier entre Côte-d'Or et Champagne. L'or pâle à reflets verts du chablis en est sans conteste la plus belle expression.

## L'œuvre des moines

Très tôt, les moines ont su tirer grand parti des coteaux les plus propices à la vigne sur les rives du Serein, qui dessine presque paresseusement le site de Chablis. Les Bénédictins, venus au IXe siècle de l'abbaye Saint-Martin de Tours pour fuir les invasions normandes, ont été les premiers à développer le vignoble. Leur rôle fondateur est rappelé par la collégiale qu'ils ont dédiée à saint Martin, édifice des XIIe et

### Les chablis

Dans une situation relativement septentrionale, avec parfois de sévères gelées de printemps qui nécessitent des « chaufferettes » dans les rangs ou des systèmes de protection de la vigne par aspersion d'eau, le vignoble de Chablis et des dix-neuf villages de l'AOC couvre quelque 4 000 hectares de terroirs essentiellement argilo-calcaires (marnes « kimméridgiennes »), plantés en chardonnay, le grand cépage blanc bourguignon. Les vins se partagent, du plus simple au plus complexe, entre quatre appellations : Petit Chablis (505 hectares), Chablis (2 715 hectares), Chablis Premier Cru (740 hectares) et Chablis Grand Cru (103 hectares). Les sept grands crus forment une côte sur la rive droite du Serein (Bougros, Preuses, Vaudésir, Grenouilles, Valmur, les Clos, Blanchot). La quarantaine de premiers crus, généralement regroupés en dix-sept principaux, se répartissent sur la rive droite (Mont de Milieu, Montée de Tonnerre, Fourchaume, etc.) et sur la rive gauche (Montmains, Vaillons, etc.). Vins frais et vifs, marqués de notes d'agrumes, d'herbes et de minéral, les chablis évoluent lentement, pour les meilleurs, en prenant des nuances de miel et de cire, de mousseron et de sous-bois.

XIIIe siècles du même style gothique que la cathédrale de Sens, ou par l'Obédiencerie construite au XVe siècle pour accueillir les chanoines de Tours en visite à Chablis. Les Cisterciens, en créant en 1114 l'abbaye de Pontigny – deuxième « fille » de Cîteaux –, ont contribué de façon décisive à l'essor du Chablisien : édifiée au XIIe siècle à quelques kilomètres au nord de Chablis, l'abbaye, admirable de sobriété et de puissance, est alors un des centres de rayonnement de la science viticole cistercienne à l'œuvre dans toute la Bourgogne. À Chablis même, le Petit-Pontigny, dépendances dont le cellier reste aujourd'hui la seule partie d'origine du XIIe siècle, gère jusqu'à la Révolution un vaste domaine, comme en témoigne le grand pressoir « à abattage ». Implantation du chardonnay – cépage le mieux adapté au terroir –, sélection des meilleurs lieux-dits – qui constituent les grands crus et les premiers crus actuels – : les moines ont véritablement « inventé » le Chablis et établi la prospérité de la cité qui a donné son nom au vin blanc sec le plus célèbre dans le monde.

Au flanc des coteaux ou au creux des vallons, les villages vignerons ponctuent le vignoble chablisien sur les deux rives du Serein.

# Dezize-lès-Maranges

BOURGOGNE

Dans les villages de l'appellation Maranges, au pied de la montagne des Trois Croix (page de droite), la « Saint-Vincent tournante », grande fête bourguignonne qui se déroule chaque année dans une localité différente – ici à Dezize-, apporte une animation inaccoutumée.

Le prestigieux ruban de vignobles bourguignons de la Côte de Nuits et de la Côte de Beaune s'inscrit dans la fameuse Côte-d'Or. Sauf la pointe sud de la Côte de Beaune, poste avancé en Saône-et-Loire… La petite route qui serpente entre les vignes en suivant le pied des coteaux de Meursault, de Puligny-Montrachet et Chassagne-Montrachet – grands terroirs à vins blancs – atteint la limite sud de la Côte-d'Or à Santenay, à nouveau terre à rouges. Au-delà, dans un paysage délicieusement rustique et vallonné, le vignoble des Maranges s'offre comme le plus secret des joyaux de la Côte de Beaune.

### La plus jeune des appellations de la Côte

Pendant longtemps, les vins des Maranges n'étaient que de « simples » Côte de Beaune-Villages, avec éventuellement la mention du village d'origine. Jusqu'en 1988, premier millésime de l'AOC Maranges, qui consacre les rouges et aussi les blancs locaux, et surtout permet enfin l'expression, impossible en appellation régionale, des Premiers Crus, fine fleur de la production en rouge. En vrais bourguignons, les rouges sont issus du pinot noir et les blancs – beaucoup plus rares – du chardonnay. Le pinot noir trouve ici un style charnu, voire rustique, avec des notes florales (pivoine) et fruitées (fraise, cerise, mûre) qui évoluent vers les fruits confits et les épices. Le chardonnay a la fraîcheur spontanée de l'amande et de l'aubépine.

### Le charme discret des Maranges

Le vaste coteau des Maranges prolonge celui de Santenay en s'incurvant légèrement vers l'ouest. Il longe la vallée de la Cosanne, petit ruisseau qui rejoint la Dheune et ses rives verdoyantes tout près du canal du Centre. Le mont de Sène – dit montagne des Trois Croix depuis que son sommet se signale de loin par trois hauts calvaires – domine le paysage et, par temps clair, le panorama peut aller jusqu'au Morvan, au Jura et aux Alpes. À mi-coteau face au sud, sous les bois qui couronnent les hauts de pente, Dezize s'étire de part et d'autre de la route montante, au milieu des vignes dont le lieu-dit le plus important, Maranges, a donné son nom à l'appellation. C'est un pur village vigneron : les maisons anciennes possèdent toutes leur cave aux grandes portes cintrées et leur escalier menant au logis. Autour du four banal, tous les vignerons de Dezize se retrouvent pour la grande fournée annuelle le 13 juillet. Aux heures du travail dans la vigne, le village est quasi désert, seulement gardé par son église du XIIe siècle et son modeste clocher du XVe… En contrebas, au bord de la Cosanne, le petit village de Sampigny-lès-Maranges, touchant de charme paisible, et en aval, aux abords de la Dheune, le bourg plus important de Cheilly-lès-Maranges : les trois villages forment une seule famille, unis dans l'appellation Maranges et se partageant les premiers crus aux noms si savoureux, la Fussière, les Clos Roussots, le Clos du Roi, la Boutière, le Clos des Loyères…

# Irancy

BOURGOGNE

Au cœur d'un amphithéâtre de vignes, Irancy est typique des villages vignerons de l'Yonne.

Rivière sinueuse, d'apparence calme, l'Yonne façonne le paysage du département qui porte son nom. Ses eaux se frayent un passage entre les rochers calcaires, parfois impressionnants par leurs à-pic et par leurs grottes profondes, les collines, aux rondeurs plus rassurantes et les villages sagement blottis autour de leur église. Tout aussi pittoresque, la Cure vient grossir l'Yonne à Cravant, où commence le vignoble auxerrois, réputé depuis longtemps à l'égal du pays de Beaune, comme toute la basse Bourgogne, pour l'excellence de ses coteaux.

## Un vallon de vignes

Sur la rive droite de l'Yonne – à hauteur de Vincelottes, petit port jadis voué au transport des tonneaux de vin – s'ouvre le large vallon en amphithéâtre qui fait écrin à Irancy. Au cœur du grand arc en fer à cheval dessiné par le coteau dont les pentes couvertes de vignes convergent vers le village, Irancy est groupé en maisons serrées autour de ses ruelles étroites. Du temps de ses fortifications demeurent, outre quelques vestiges du XVIe siècle, cette structure ramassée et une ceinture de promenades aménagées au pied des coteaux à l'emplacement des anciens fossés, aujourd'hui bordées de tilleuls.
Au pays du calcaire, les maisons anciennes ont en commun de comporter des caves fraîches et humides creusées dans le sous-sol rocheux,

### Une jeune AOC communale de Bourgogne

En 1998, l'appellation Bourgogne Irancy est passée AOC Irancy. Ses 150 hectares de pinot noir, aux vins fermes mais élégants et fruités, rejoignent ainsi la cour des « grands », celle des appellations communales de la Côte-d'Or, où se trouvait déjà le vin blanc de Chablis. L'originalité d'Irancy est d'admettre dans ses vignes un petit pourcentage de césar – dit aussi romain –, un vieux cépage qui remonterait à la colonisation romaine… Il est vrai qu'on en reconnaît le feuillage caractéristique sur la frise sculptée gallo-romaine (IIe siècle) découverte dans les fouilles d'Escolives-Sainte-Camille, sur l'autre rive de l'Yonne en face d'Irancy !

parfaitement adaptées à l'activité vigneronne. Et tout naturellement, l'enfant du pays, l'architecte Soufflot, a édifié au XVIII^e siècle le Panthéon de Paris en pierre extraite des proches carrières de Bailly, aujourd'hui devenues véritable « cathédrale » souterraine du crémant de Bourgogne…
Comme en écho visuel au damier de toits de tuiles du village, dont n'émerge que le clocher carré gothique de l'église, les parcelles de vigne dessinent sur les pentes environnantes leur parfaite géométrie, ponctuée de cerisiers dont la région s'est faite un temps une autre spécialité. Les plus belles expositions, propices au pinot noir traditionnel de la Bourgogne, regardent vers le sud et vers l'ouest, avec presque toujours le village en point de mire. Ce sont là des « climats » recherchés, aux noms empreints de poésie terrienne : Boudardes, le Paradis, les Mazelots, la Côte du Moutier ou, à la pointe de la côte qui bascule vers Cravant, le célèbre Palotte.

Avec ses maisons en pierre du pays couvertes de toits de tuiles, le village est resserré autour de la rue principale et des ruelles attenantes (ci-dessus), au pied du vignoble parsemé de bouquets de cerisiers (double page suivante).

# Pernand-Vergelesses

BOURGOGNE

Un des lieux magiques de la Bourgogne viticole : la combe de Pernand-Vergelesses s'enfonce dans la Côte en direction du nord, vallon entre la « montagne » de Corton et le bois Noël, deux hauteurs arrondies coiffées de forêts, dans un paysage de vignes aux noms prestigieux où se mêlent les rouges et les blancs, les grands crus, les premiers crus et les appellations « Villages ». Juste après la « Côte des Pierres », qui sépare la Côte de Nuits et la Côte de Beaune, et où Comblanchien tient la vedette avec ses célèbres carrières, la montagne de Corton dresse sa silhouette à la fois imposante et douce, borne éternelle et emblématique du vignoble du pays de Beaune qui descend vers le sud, à l'extrême pointe de la Côte-d'Or.

L'ancienne maison de la « troupe » de Jacques Copeau, l'église du village et, sur la hauteur, l'oratoire de Notre-Dame-de-Bonne-Espérance constituent les repères principaux de Pernand-Vergelesses.

## Au pied de la « montagne »

Un peu en retrait dans la Côte, alors que Ladoix-Serrigny s'avance dans la plaine sur la route de Beaune au pied est de la butte de Corton et que Aloxe-Corton est à mi-coteau plus au sud, Pernand semble presque caché derrière la fameuse « montagne ». Sis révérencieusement sur la pente de la colline de Frétille, il regarde les coteaux du flanc ouest de Corton, où viennent se terminer en beauté les terroirs mêlés du corton et du corton-charlemagne. Sous la protection de l'oratoire de Notre-Dame-de-Bonne-Espérance érigé au XIXe siècle « en Frétille », et à proximité de la « mère Fontaine » – la source

### Des seigneurs en rouge et en blanc

En cette partie septentrionale de la Côte de Beaune, les crus s'affichent en blanc et en rouge, selon les sols plus ou moins argileux ou calcaires et les expositions. Cas unique, le Grand Cru Corton est le seul à rivaliser en rouge avec la Côte de Nuits, tandis que le Grand Cru Corton-Charlemagne inaugure, avec un caractère très affirmé, la grande lignée des fameux blancs beaunois, plus au sud. Les AOC Pernand-Vergelesses Premier Cru – les Vergelesses, Île des Vergelesses, les Fichots, etc. – jouent aussi du chardonnay et du pinot noir, à la fois fermes et élégants.

qui sans doute fit il y a longtemps de ce lieu un habitat privilégié –, Pernand apparaît comme un des plus typiques villages vignerons de la Côte de Beaune. Ses rues tissent un réseau serré et déclive autour de l'église romane et de son clocher pointu, flamboyant dans la lumière qui rehausse l'éclat de ses tuiles vernissées à motif de chevrons. Au milieu des belles demeures bourguignonnes et de leurs caves profondes admirablement propices aux vins de garde, la grande maison à fronton triangulaire qui accueillit dans les années 1920 les recherches théâtrales de Jacques Copeau et de ses « Copiaux » rappelle des « nourritures » moins terrestres...

Bois et vignes sertissent le village de Pernand-Vergelesses, bien abrité dans une combe profonde de la Côte.

## Des crus en partage

Tourné vers le midi, le village n'a d'yeux que pour l'enfilade des « climats » qui courent sur les deux rives de la combe. Regardant l'ouest-sud-ouest, les climats qui longent la « montagne » et relèvent majoritairement d'Aloxe avant de déborder sur Ladoix-Serrigny donnent les prestigieux corton-charlemagne et corton. Regardant l'est-sud-est, les climats qui s'inscrivent sous le bois Noël produisent, avant de continuer sur Savigny-lès-Beaune, les bons crus de Pernand nés sur les Vergelesses – dont le nom est venu en 1922 s'accoler à celui du bourg. Villages et crus entremêlés, simplicité rurale et infinie subtilité des terroirs : la beauté de la Côte tient à cette alchimie-là...

# Vézelay

BOURGOGNE

Vézelay et ses rues pittoresques grimpant les flancs de la « colline éternelle », attirent une foule toujours plus grande de visiteurs.

Tout encore bruissante du cortège des pèlerins entamant la route de Saint-Jacques-de-Compostelle ou du piétinement des croisés en partance pour la deuxième ou la troisième croisade, Vézelay, grand centre de rassemblement de la chrétienté au Moyen Âge, connaît aujourd'hui la fièvre touristique… Et ce succès est un encouragement à retrouver le vignoble qui couvrait jadis la contrée, mais qui a bien failli disparaître définitivement à la fin du XIX$^{e}$ siècle.

## Un vignoble renaissant

Certes encore modeste – une centaine d'hectares – et jeune – la replantation, après la période d'oubli qui a suivi les destructions du phylloxera, n'a commencé que dans les années 1970 –, le vignoble de Vézelay n'en a pas moins une longue histoire qui remonte à la colonisation romaine. N'a-t-on pas retrouvé les vestiges d'un temple de Bacchus sous l'ancienne église Saint-Étienne ? Et le « Clos Dû » n'est-il pas l'ancien « Clos du Duc » que possédaient les ducs de Bourgogne à Nanchèvres, hameau de Saint-Père ? Les vins sont essentiellement blancs, évidemment issus du cépage bourguignon chardonnay, et ont droit à l'AOC Bourgogne Vézelay, la petite part de vin rouge issu de pinot noir se contentant actuellement de la simple AOC Bourgogne. Plus rare et original, un Bourgogne Blanc Grand Ordinaire issu de melon de Bourgogne, vieux cépage traditionnel oublié sur sa terre d'origine mais triomphant en pays nantais sous le nom de muscadet.

## La « colline éternelle »

Depuis onze siècles, un monastère règne sur les collines verdoyantes qui bordent la Cure, mais la grande abbatiale qui couronne la « colline éternelle » a été édifiée entre le XI$^{e}$ et le XIII$^{e}$ siècle pour répondre à la montée en puissance de ce haut lieu de l'Occident chrétien. L'église de la Madeleine serait devenue ruines après la Révolution si l'architecte Viollet-le-Duc ne s'était attaché à sa restauration au XIX$^{e}$ siècle. Le vaste édifice retrouve ainsi son rayonnement séculaire, livrant à l'admiration des visiteurs son

architecture à la fois romane et gothique et surtout son riche décor sculpté. Sa sculpture, notamment les chapiteaux et les trois portails de l'avant-nef, témoigne de l'élégance de l'art bourguignon avec ses figures stylisées et allongées, aux draperies de pierre ciselées et presque légères. Tandis que la terrasse de l'ancien château, derrière l'abbatiale, offre une vue splendide sur la vallée de la Cure, la vieille ville s'allonge en contrebas vers l'ouest à l'intérieur de ses remparts ponctués de tours et de portes, avec ses rues et ses ruelles bordées de maisons anciennes. Le site tout entier est classé au Patrimoine mondial de l'Unesco.
Sous l'abbatiale, au pied des remparts, sur les coteaux qui dévalent les pentes de la colline, le vignoble s'étend en direction des villages voisins de Saint-Père-sous-Vézelay, d'Asquins et, sur la rive droite de la Cure, de Tharoiseau, retrouvant, tout comme dans les régions d'Auxerre, de Joigny et de Tonnerre, la vigueur qui était la sienne dans les siècles passés, au temps de la splendeur des vins de basse Bourgogne.

Du haut de la célèbre abbatiale, Vézelay apparaît serré sur son promontoire qui domine toute la campagne, vignes, champs et bois des collines environnantes.

# Vougeot

BOURGOGNE

Les chevaliers du Tastevin incarnent l'immense prestige des vins de Bougogne. Ils ont pour siège le château du Clos Vougeot, admirablement situé au cœur du vignoble (page de droite).

La Vouge naît au milieu de la Côte de Nuits et, dans sa descente vers la Saône, serpente à travers la forêt de Cîteaux. Elle longe l'abbaye qui s'est installée là dans les premières années du XIIe siècle. C'est sur les pentes proches de la source de leur rivière que les moines de Cîteaux entreprennent, à l'aube de la grande aventure cistercienne mais aussi du vignoble bourguignon, de cultiver la vigne. Laissant le sommet de la Côte aux bois qui le couronnent, ils préfèrent les meilleures terres de mi-coteau exposées au soleil du matin et à l'abri des vents froids. Au pied du vignoble, le petit village de Vougeot trouve son emplacement naturel au bord de la rivière qui lui a donné son nom, là où un pont viendra au XVIe siècle faciliter le passage et attirer hôtelleries et auberges. Car, modeste par la taille, il est devenu le nom le plus prestigieux de la Côte de Nuits...

### Les chevaliers du Tastevin

La plus célèbre des confréries vineuses, les chevaliers du Tastevin, créée en 1934 à Nuits-Saint-Georges, est propriétaire du château du Clos Vougeot depuis 1944. Elle y tient ses prestigieux chapitres, « disnées » et intronisations, ainsi que ses dégustations de « tastevinage » qui sélectionnent les meilleurs vins de la Côte-d'Or. Chaque année, c'est le troisième samedi de novembre qu'a lieu le solennel chapitre de la Confrérie, après la dégustation des vins mis aux enchères le lendemain aux Hospices de Beaune.

### Le Clos et son château

Ce qui place ainsi Vougeot au sommet de la hiérarchie, c'est son vaste et célèbre Clos, véritable modèle du génie vigneron bourguignon depuis neuf siècles. La plus petite commune de la Côte – quelques maisons typiques groupées autour de l'église construite au XIXe siècle – est pour l'essentiel constituée de la cinquantaine d'hectares jadis réunis parcelle après parcelle par les moines du Moyen Âge et ceints de murs au XIVe siècle. En plein milieu des vignes, dans la partie haute du Clos Vougeot (ou Clos de Vougeot), se dressent, admirables constructions romanes aux toits immenses, le cellier – à demi enterré – et la cuverie, véritable « cloître » du vin dotée de quatre impressionnants pressoirs à levier. Plus remarquable encore par sa rareté dans le paysage bourguignon, le château qui jouxte ces bâtiments techniques n'est construit qu'au XVIe siècle. Austère et massif avec ses deux tours courtes et carrées, il semble faire corps avec le terroir si exceptionnel.
Indivis – bien au-delà de la Révolution – jusqu'à la fin du XIXe siècle, le Clos de Vougeot est aujourd'hui réparti entre quelque soixante-dix ou quatre-vingts propriétaires pour une soixantaine de parcelles !
Des parcelles très inégales en taille et en qualité, plus ou moins calcaires ou argileuses, celles du haut et du milieu étant réputées supérieures à celles du bas... À l'ombre du Grand Cru Clos de Vougeot, quelques premiers crus complètent le patrimoine du village, entièrement voué au pinot noir : le Clos de la Perrière, les Cras, les Petits Vougeots et, suprême originalité, le Clos Blanc, uniquement dédié au chardonnay.

CLOS VOUGEOT

# Solutré-Pouilly

MÂCONNAIS

Au pied de la grandiose roche de Solutré (page de droite), villages et vignes occupent les larges pentes caractéristiques du paysage mâconnais.

Au milieu des pentes et des vallons qui scandent le sud du Mâconnais, la roche de Solutré dresse de façon impressionnante les 493 mètres de son éperon calcaire couronné par un à-pic d'une centaine de mètres, d'où la vue porte sur toute la vallée de la Saône et, au-delà, vers le Jura et les Alpes. La roche de Vergisson, falaise jumelle un peu au nord, et le mont de Pouilly au sud accentuent ce puissant mouvement de terrain. Paysage grandiose des contreforts des monts du Mâconnais, où la vigne jouxte les prés et les champs sur des terres qui ont tôt connu l'extraordinaire essor imprimé à toute la Bourgogne par l'abbaye de Cluny, située non loin de là, sur l'autre versant du massif. Les sols blonds ou rougeâtres contrastent avec le gris blanchâtre du rocher et la végétation verdoyante, et les villages semblent encore plus petits, tapis dans un aussi vaste décor, au milieu de leurs vignes.

### Pouilly-Fuissé et les autres…

Dans le vaste territoire des mâcons, la partie sud du vignoble est assurément la plus remarquable. L'appellation Pouilly-Fuissé, qui regroupe les vins de Solutré-Pouilly, Fuissé, Chaintré et Vergisson, est la plus réputée et la plus recherchée. Très proches, quoique souvent plus souples et de plus courte garde, les vins de Vinzelles et de Loché peuvent apparaître en AOC Pouilly-Vinzelles et Pouilly-Loché ou en AOC Mâcon-Villages.

## Solutré et son site

Le site de Solutré est étonnant à plus d'un égard. Par sa beauté certes, mais aussi par l'histoire de son peuplement qui remonte aux temps préhistoriques. Au pied de la roche, au lieu-dit Crôt du Charnier, la mise au jour du fameux « magma de chevaux » – gigantesque amoncellement de milliers d'os d'animaux abattus et dépecés sur place il y a quelque 25 000 ans – ainsi que la découverte de silex taillés en « feuille de laurier » et d'objets quotidiens évoquent nos lointains ancêtres en ce lieu de passage des migrations annuelles de troupeaux. Le Musée départemental de Préhistoire réunit au Crôt du Charnier même nombre de ces témoignages.
En contrebas de la roche, au sud-est, les villages s'étirent le long des rues et des ruelles pentues au gré des belles et sobres maisons vigneronnes, bâtisses à galerie au-dessus du cellier et de la cave typiques du Mâconnais : Solutré et son église romane qui voisine avec un lavoir entouré d'une galerie couverte, puis le hameau de Pouilly et son petit château du XVIe siècle flanqué de tours rondes, la charmante bourgade de Fuissé, et un peu plus loin Loché et Vinzelles, signalés par leurs églises romanes.

## Le royaume du chardonnay

On est là au royaume des meilleurs vins du Mâconnais, qui complètent, à côté des chablis et des blancs de la Côte de Beaune, la famille des grands blancs bourguignons. Le terroir calcaire, l'excellent ensoleillement et les bonnes expositions confèrent une belle personnalité au chardonnay, or pâle nuancé de reflets verts, fin, vif et soyeux, avec des arômes d'amande, de noisette, d'acacia et d'aubépine relevés d'une pointe minérale.

# Oingt

BEAUJOLAIS

Village médiéval perché au sommet d'une colline, Oingt règne sur de larges coteaux de vignes.

Au sud du Beaujolais, dans la large boucle dessinée par la vallée de l'Azergues avant que la rivière ne vienne rejoindre la Saône à la hauteur d'Anse, le pays des « Pierres dorées » se distingue du reste de la région beaujolaise. Abandonnant les granits et les schistes typiques de la zone des crus et des beaujolais-villages, il est constitué de calcaires d'un beau jaune ocre à reflets fauves qui donnent à l'architecture sa couleur dorée caractéristique et au pays son nom. Terroir différent, et bien sûr vin différent.

### La terre d'élection du gamay

Depuis que le duc Philippe II le Hardi l'a banni du sol peu approprié de la Bourgogne, en 1395, le gamay est devenu l'apanage presque exclusif des terres granitiques ou schisteuses du Beaujolais, mais aussi des terres argilo-calcaires des Pierres dorées, dans le bas Beaujolais. Sur 22 500 hectares, les différences de terroirs et de styles sont évidemment nombreuses : les AOC créées dans les années 1930 en sont le reflet. Le Beaujolais proprement dit, fruité et spirituel, originaire principalement de la partie sud de la région, constitue presque la moitié de la production. Le reste est réparti entre les Beaujolais-Villages (6 000 hectares), qui proviennent des meilleures communes, et les dix crus (6 900 hectares), véritable élite des terroirs du Beaujolais, qui se distinguent en portant le nom du village d'origine du vin. Tous ont en commun le charme de la fraîcheur et du fruit, mais, en montant vers le sommet de la hiérarchie, les vins gagnent en densité, en complexité, en finesse et en caractère.

### Au cœur des Pierres dorées

Perché sur une hauteur qui domine la vallée de l'Azergues, stratégiquement situé à la frontière ancienne du Beaujolais et du Lyonnais, Oingt n'en finit pas de prolonger son lustre médiéval, qui remonte au temps de la grande famille d'Oingt dont les portraits sculptés, fort expressifs, ornent huit culots du chœur de l'église du XIVe siècle. Cette église jouxte l'emplacement de l'ancien château, à peu de distance du « château neuf » dont demeure le solide donjon du XIIIe siècle, au sommet aujourd'hui aménagé en terrasse panoramique. Quelques vestiges, comme la porte de Nizy, rappellent l'enceinte fortifiée, et nombre de maisons anciennes, telle la Maison commune, contribuent à conserver au village son visage médiéval. En contrebas, le château de Prosny, souvent remanié depuis le XVIe siècle, dresse ses deux tourelles rondes au milieu des vignes.

Par monts et par vaux, le gamay court en rangs serrés : longtemps, si près de la « capitale des Gaules », le beaujolais des Pierres dorées, considéré comme « bâtard », était cantonné dans la frustrante mission d'étancher promptement et abondamment les soifs lyonnaises. Mieux considéré aujourd'hui, reconnu pour son caractère vif et fringant, mais capable d'une jolie fermeté qui demande quelque temps pour s'arrondir, il sait faire valoir sans complexe sa différence par rapport aux beaujolais du Nord.

# Vaux-en-Beaujolais

BEAUJOLAIS

Clochemerle, village emblématique du Beaujolais, est situé en plein cœur de ce vaste territoire dévolu au gamay sur toutes les pentes bien exposées (page de droite).

En plein cœur du Beaujolais, dans la vallée de la Vauxonne qui, d'ouest en est, sépare la partie nord et la partie sud du vignoble, Vaux-en-Beaujolais est plus qu'un village : c'est un symbole. C'est en effet la capitale de la Confrérie du Gosier sec, dont les membres tiennent de bachiques assises dans le plus grand respect des traditions beaujolaises... C'est que Vaux est le Clochemerle du célèbre et truculent roman éponyme écrit en 1934 par le Lyonnais Gabriel Chevallier, qui raconte au monde entier, traduit en trente-trois langues, la vie d'un village du Beaujolais au rythme des saisons de la vigne et du vin, mais aussi des plus cocasses événements quotidiens !

## Le Beaujolais typique...

Assurément, Vaux est bien typique, village au milieu de l'ondulation mouvementée des coteaux qui descendent des contreforts des monts du Beaujolais en une marée de vignes de gamay, en appellation Beaujolais-Villages. Les maisons, avec une apparente sagesse, entourent la charmante église romane et la mairie, dont la place présente un étonnant pressoir « à écureuil » doté d'une grande roue jadis mise en action à la force des biceps et des mollets des jeunes gens du village, comme des écureuils en cage... Et, pour qu'il ne manque rien, le caveau de Clochemerle propose à l'envi le vin du village, juste en face du musée de la Vigne et du Vin où les outils racontent l'histoire du beaujolais. Enfin, plus typique encore peut-être, la franche convivialité beaujolaise s'exprime ici en toute occasion pour forger un véritable état d'esprit fait de gouaille et de paillardise entretenues avec force « tasses » et « gobelets » de beaujolais, cochonnailles et fromages du cru !

C'est ainsi que le beaujolais a conquis le monde : vin de plaisir et de bonne humeur, vin de soif vif et fruité, il appelle le partage qu'illustre à merveille la tradition festive, instaurée dans les années 1960, de l'arrivée du « beaujolais nouveau ».

### Le Beaujolais nouveau est arrivé !

Vin de soif et de plaisir, le beaujolais était traditionnellement bu dès le début de l'hiver, notamment à l'occasion de la « saint cochon », cette fête qui accompagnait – et accompagne encore parfois – le moment où l'on tue le porc pour confectionner les salaisons. Mais l'idée d'en faire un large événement à la fois festif et commercial ne remonte qu'aux années 1960. Le beaujolais nouveau est arrivé ! Nouveau – c'est-à-dire de l'année – et primeur – c'est-à-dire dans sa prime jeunesse –, le vin est « libéré » le troisième jeudi de novembre dans les débits de boissons et chez les cavistes du monde entier ou presque ! Seuls les crus – qui idéalement « font leurs pâques » – échappent au destin précoce des deux tiers des beaujolais et du tiers des beaujolais-villages !

# Arbois

## JURA

Clochers, tours, grandes demeures, hôtels particuliers, tout désigne Arbois comme une cité importante, immergée dans le vignoble jurassien.

Entre la plaine et la montagne, le Revermont, formé par les premiers contreforts du massif jurassien, fait face à la Bourgogne de la Côte-d'Or. Dans la vieille tradition d'échanges et de commerce née de cette situation, le vin a de tout temps joué un rôle essentiel, à côté du sel de Salins-les-Bains ou de Lons-le-Saunier. La vigne croît ici dans des conditions difficiles mais remarquables, orientée à l'ouest et au sud-ouest sur les coteaux du pied du Revermont et parfois aussi au sud sur les pentes des « reculées » qui entaillent profondément le plateau calcaire du Jura. Et, comme le pays lui-même, les vins font montre de beaucoup de caractère, jusqu'à l'extrême originalité du vin jaune et du vin de paille.

### Une personnalité forte

Dans la partie nord du long ruban du vignoble du Jura, au débouché de la reculée des Planches qui se termine sur une haute falaise calcaire, Arbois occupe un site parfait au cœur d'un écrin de vignes, dressé dans une fierté endurcie par des siècles d'histoire mouvementée, alternant vicissitudes et prospérité. Au bord des eaux claires de la Cuisance, cette histoire est inscrite dans chaque pierre. À commencer par les vestiges de l'enceinte fortifiée construite au XIII^e^ siècle et souvent remaniée : tours Gloriette, Chaffin et du Prieuré, tour ronde du château Pécauld – dont l'ensemble imposant abrite aujourd'hui l'Institut des vins du Jura et le musée de la

### De toutes les couleurs

Dans la famille des vins du Jura, l'appellation Arbois – avec ses 850 hectares – représente plus de la moitié de la production. Au regard de la modeste superficie, la diversité des vins est étonnante. Les blancs sont à base de chardonnay, plus ou moins complété de savagnin, le cépage typiquement jurassien qui donne également naissance au « vin jaune ». Les rouges sont issus de deux cépages jurassiens, le poulsard – par ailleurs majoritaire dans les rosés – et le trousseau, ainsi que du pinot noir. Grande spécialité du Jura et notamment d'Arbois, le vin jaune est un vin d'exception. Produit du seul savagnin vendangé tardivement, le vin est élevé au moins six ans et trois mois en fûts. Sans soutirage – le vin reste sur ses lies – et sans ouillage – le vin progressivement évaporé n'est pas remplacé –, il acquiert un caractère organoleptique complexe et original au cours d'une lente évolution sous la protection d'un « voile » de levures accumulées en surface. Sans équivalent, hormis dans le fino de Jerez, le puissant « goût de jaune » rappelle la noix et les épices (curry). Dans sa bouteille spéciale, le clavelin (62 centilitres), le vin jaune est d'une garde presque illimitée… Autre spécialité du Jura, le vin de paille, élaboré à partir des différents cépages des autres vins. Étalées sur un lit de paille – d'où le nom du vin – ou suspendues à un fil de fer, les plus belles grappes de la vendange attendent deux ou trois mois de perdre l'essentiel de leur eau pour être pressées et offrir un nectar doux et riche, aux puissantes saveurs confites, où se concentre l'âme même du pays…

# Château-Chalon

JURA

Dans un site d'exception, Château-Chalon surplombe son vignoble entièrement consacré au savagnin, un cépage typiquement jurassien.

Village typiquement jurassien, Château-Chalon est fièrement posté à l'entrée d'une « reculée » qui échancre le rebord du plateau calcaire pour déboucher entre des rochers escarpés au-dessus des coteaux pentus tournés vers le sud-ouest, bien protégés du vent du nord et couverts de vignes. En contrebas, la Seille longe le pied du plateau, en provenance du cirque de Baume-les-Messieurs.

### Le royaume exclusif du vin jaune

Spécialité jurassienne, le vin jaune se fait dans toutes les appellations locales, Arbois, l'Étoile et Côtes du Jura. Mais l'appellation Château-Chalon est uniquement vouée à ce vin hors norme, les autres productions de la commune et de ses voisines Domblans, Ménétru-le-Vignoble et Nevy-sur-Seille étant de « simples » Côtes du Jura. Le rare savagnin, planté sur des terres marneuses riches en cailloutis venus des falaises, est le seul cépage autorisé sur les quelque 90 hectares de l'AOC, dont une cinquantaine sont aujourd'hui exploités.

Petite aire d'appellation, pentes difficiles à travailler, petits rendements, longue et périlleuse gestation qui réduit d'un tiers le volume initial… le château-chalon se donne de surcroît des règles particulièrement strictes : contrôle rigoureux parcelle par parcelle des vignes et de la vendange avec déclassement partiel, voire total si nécessaire, dégustation d'agrément du vin jaune jeune puis au moment de la mise en bouteilles, dans le « clavelin » spécial de 62 centilitres.

### Un site altier

Haut juché dans ce site exceptionnel à la fois paisible, aristocratique et stratégique, Château-Chalon vit son rythme de village modeste mais prestigieux. Durant quelque neuf ou dix siècles, c'est une abbaye bénédictine strictement réservée aux femmes de la noblesse qui a fait rayonner le nom et le vin sans égal de Château-Chalon. Mais l'abbaye n'a pas survécu à la Révolution. Pourtant, tout près, mieux abritée au fond de la combe grandiose où la Seille prend sa source, l'abbaye de Baume-les-Moines – rebaptisée Baume-les-Messieurs – dresse toujours son architecture romane, majestueuse dans sa simplicité dépouillée. Seuls, à Château-Chalon, les vestiges du château du XIIIe siècle rappellent ces temps anciens, avec les demeures des XVIe et XVIIe siècles qui furent propriété des chanoinesses. Et, l'église Saint-Pierre se fait discrète avec son clocher roman et sa nef aux croisées d'ogives prégothiques, fondant au milieu des toits sa toiture de « laves », grandes pierres calcaires plates du pays.

### Un vrai monument

Mais ce qui perpétue réellement la grandeur de Château-Chalon, c'est son vignoble, parcelles accrochées aux pentes qui plongent sous le village. Le monument le plus impressionnant du village, c'est bien son vin, jadis appelé « vin de garde » – il est presque éternel – avant de devenir le fameux « vin jaune » au bel ambre doré. Semblable ou non – difficile à savoir… – au célèbre nectar des chanoinesses, il a pris une place unique, quelque part entre le tokay hongrois et le xérès andalou, dans l'univers du vin.

# Cerdon

BUGEY

Pointe méridionale du Jura qui oblige le Rhône à une grande boucle pour trouver son passage entre Genève et Lyon, le Bugey, si cher à Brillat-Savarin, se tient à l'écart de l'agitation du monde… Univers contrasté de montagnes, de vallées et de forêts, pays de rivières et de ruisseaux, il rappelle en maints coteaux sa vocation viticole : mais, à côté des parcelles soulignant de leur mosaïque serrée les meilleures pentes ensoleillées, combien de vignes oubliées, de ceps retournés à l'état sauvage, de « murgers » de pierres envahis de broussailles, de « grangeons » abandonnés… Seuls quelques îlots, notamment sur la rive droite de la boucle du Rhône, perpétuent la tradition de la viticulture bugiste. Et le vignoble de Cerdon, un peu à part, à proximité de l'Ain avant qu'il ne rejoigne le Rhône, y apporte sa singularité.

## La « perle » du Bugey

Dans l'arrière-pays de la rive gauche de l'Ain, au creux d'une profonde « reculée » où sinue le Veyron, Cerdon incarne le Bugey viticole. Coteaux escarpés – notamment la « Grande Côte » dominant le village – ponctués de ces maisonnettes de vigne qu'on appelle ici « grangeons », ruisseaux bruissant entres les belles et solides maisons vigneronnes à balcon et au toit débordant largement, multiples ponts de pierre et fontaines font le charme tranquille du village, sous la surveillance sereine de l'église bâtie à mi-pente. Les nombreux

Lové sans sa vallée sous la protection de l'église du village, Cerdon maintient la tradition du vignoble du Bugey.

### Rosé, pétillant et demi-sec

Le VDQS Vin du Bugey Cerdon – peut-être promis à une prochaine AOC qui rendrait hommage à son originalité – associe le gamay et le poulsard, cépages venus des proches vignobles du Beaujolais et du Jura. Vinifié en rosé, mis en bouteilles avant la fin de la fermentation pour emprisonner les bulles du gaz carbonique et conserver quelques sucres résiduels, le cerdon est unique en son genre. Grâce à cette méthode ancestrale et naturelle, différent des autres vins effervescents, il est d'une savoureuse délicatesse de fruit, peu alcoolisé (environ 8 degrés) et légèrement doux. Un bonheur simple, pour le plaisir et… pour la soif !

belvédères des hauteurs environnantes, les cascades et les grottes ajoutent un caractère d'exception au site.
Les villages qui participent de l'appellation ne sont pas en reste : Mérignat, village perché sous les vestiges de son château seigneurial ; Poncin, bourg médiéval fortifié au bord de l'Ain ; Boyeux-Saint-Jérôme et son hameau de Châtillon-de-Cornelle qui conserve la chapelle gothique de l'ancien château, au-dessus de la vallée ; Saint-Alban et son grandiose panorama ainsi que le charmant hameau vigneron de Bôches ; et, sur l'autre rive de l'Ain, le village de Gravelles, jadis plus connu. Autant de pays secrets qui appellent le promeneur hors des sentiers battus. Un peu comme l'original vin de Cerdon…

# Arbin

SAVOIE

Modeste bourgade groupée autour de son église, Arbin s'est fait un nom dans le vignoble savoyard.

Dans le lointain vers le nord-est la cime du Mont-Blanc, vers le sud la chaîne de Belledonne et les sommets neigeux des Alpes de Maurienne : Arbin occupe un site remarquable dans la combe de Savoie, au carrefour qui, en suivant la vallée de l'Isère à travers le Grésivaudan, mène vers Grenoble ou, en remontant la cluse de Chambéry, vers l'ancienne capitale de la Savoie. Montmélian, ancienne place forte redoutable – la vieille ville garde encore aujourd'hui des vestiges importants de la citadelle médiévale –, a longtemps joué un rôle stratégique sur cette route de passage fréquentée, avec en amont des forteresses comme le château de Cruet ou, à hauteur de la confluence de l'Isère et de l'Arc, celui de Miolans. Depuis les temps où les Romains faisaient passer là une voie qui reliait l'Italie à Vienne et au Rhône, par le col du Petit-Saint-Bernard, les vins de la combe de Savoie ont toujours bénéficié de larges débouchés et d'une solide réputation. Arbin, dans l'ombre de Montmélian jusqu'au XVIII$^{e}$ siècle – ce n'est qu'en 1779 que le village acquiert son autonomie –, est ainsi la pièce maîtresse du vignoble montmélianais.

### La plus réputée des mondeuses

L'antique réputation du vignoble de la combe de Savoie vaut notamment par la vigne *allobrogica* – évoquée par Pline l'Ancien – qui semble jouer un rôle essentiel de la Savoie aux la Côtes du Rhône septentrionales, aux alentours de Vienne. On peut penser qu'il s'agit de la mondeuse, et que ce cépage n'est pas sans rapport avec la syrah… En tout cas, Arbin s'est imposé comme le terroir d'élection de cette mondeuse savoyarde : l'AOC Vin de Savoie Arbin lui doit son caractère et le meilleur de sa renommée, avec des vins denses et colorés aux arômes de fruits et d'épices, bien constitués pour la garde et évoluant vers des nuances de violette, d'iris et de truffe.

## Montagnard et vigneron

Épousant le flanc sud-est du massif des Bauges, le vignoble s'égrène de village en village, de Montmélian et Arbin à Fréterive en passant par Cruet, Saint-Jean-de-la-Porte et Saint-Pierre-d'Albigny. Discret au pied de la montagne de la Thuile, Arbin se tient en quelques rues étroites dominées par l'église Saint-Nicolas, qui rappelle l'existence ancienne du prieuré clunisien d'Arbin-Montmélian. Sur la route de Cruet, les vestiges de la vaste « villa » de Mérande – de somptueuses mosaïques du IIe siècle y ont été mises au jour – témoignent pour l'époque gallo-romaine, à proximité du puissant corps de bâtiment de la ferme de Mérande, ancienne partie du manoir féodal.
Les moulins jadis si actifs d'Arbin – l'eau des sources et des torrents est abondante – sont aujourd'hui abandonnés ou ont disparu. Seules les vignes perpétuent l'activité séculaire du village : sur les pentes d'éboulis calcaires exposés au sud-est, le jacquère est prépondérant pour les blancs et la mondeuse donne les rouges les plus originaux. Deux cépages locaux qui distinguent le vignoble savoyard entre tous.

Accroché aux contreforts de la montagne de la Thuile, le vignoble d'Arbin regarde la vallée de l'Isère et, au loin, la chaîne de Belledonne.

# Chignin

SAVOIE

Terroir unique dans la cluse de Chambéry, Chignin consacre ses coteaux escarpés au cépage « bergeron ».

À partir de Chambéry, cité des « portiers des Alpes » – ces comtes de Savoie qui régnaient en maîtres aux temps médiévaux sur la principale voie de passage transalpine –, la route suit la cluse qui mène vers le sud-est à Montmélian et à la rive droite de l'Isère. Le massif des Bauges au nord et le massif de la Chartreuse au sud encadrent la vallée, offrant leurs coteaux les mieux exposés à des îlots de vignes. Face à Apremont et aux Abymes dominés par le mont Granier, Chignin occupe une situation privilégiée au pied du versant sud des Bauges, en plein midi.

### Le chignin-bergeron

Dans la grande fratrie de l'AOC Vin de Savoie – un chapelet de villages qui part de la rive haut-savoyarde du lac Léman, vouée à l'original chasselas, longe le Rhône et le lac du Bourget et se termine dans la vallée de l'Isère –, Chignin propose deux des dix-sept crus locaux. L'appellation Vin de Savoie Chignin est classiquement consacrée aux cépages savoyards, tandis que l'appellation Vin de Savoie Chignin-Bergeron est réservée à la petite production de roussanne. De cette exception naît un vin rare (un peu plus de 3 000 hectolitres) et recherché. Et d'autant plus précieux.

### Un village et ses tours

Chignin cultive le mystère… Celui de ses tours, au moins sept, peut-être plus, dont cinq sont encore debout, ruines dressées au milieu des rangs de vignes qui courent sur les collines avant d'escalader les premières pentes de la montagne jusqu'au point de rencontre de la zone boisée. D'origine obscure, très certainement médiévales, elles semblent dessiner une aire fortifiée, sans doute destinée

à surveiller la cluse et à offrir refuge en cas de danger. La tour de la Biguerne a été intégrée au XIXe siècle à la chapelle dédiée à saint Anthelme, natif du village, tandis que les autres sont livrées au lierre et aux herbes, muettes et mystérieuses sentinelles au-dessus de Chignin – qui pointe plus modestement le clocher de son église du XVIIIe siècle – et de ses charmants hameaux environnants, Tormery, surplombé par son « rocher » en partie dynamité en 1913 pour raison de sécurité, Le Viviers et Le Villard. Plus haut dans la montagne, les lieux-dits de la grotte de l'Ermite et du « trou » de Chignin offrent un admirable point de vue sur toute la contrée.

## Le bergeron, prince de Chignin

Ainsi dessiné, le territoire de Chignin forme un cru d'appellation Vin de Savoie où dominent les cépages savoyards, le jacquère (aux blancs vifs et frais) et la mondeuse (aux rouges charnus et parfumés). Mais, autre mystère chignerain, la roussanne, dont la terre d'élection la plus connue est celle des Côtes du Rhône septentrionales – Hermitage ou Saint-Joseph –, a droit de cité à Chignin sous le nom ancien de barbin ou, plus couramment, de bergeron. Bien acclimaté sur les pentes d'éboulis calcaires qui s'étendent jusqu'à Francin et Montmélian, ce cépage donne là un des plus beaux blancs de Savoie, gras et élégant, nuancé d'aubépine, de coing, d'abricot et d'amande.

Au pied du massif des Bauges et face au massif de la Chartreuse, les vignes de Chignin jouissent d'une exposition exceptionnelle.

# Châteauneuf-du-Pape

VALLÉE DU RHÔNE

Lorsque les papes prennent possession du Comtat Venaissin puis choisissent de s'installer en Avignon au début du XIVe siècle, ils jettent leur dévolu sur Châteauneuf et sur son vignoble, qui semble dès lors être un élu de Dieu… Le « vin du pape » ne saurait provenir d'ailleurs, et sa réputation le hisse parmi les grands. « Pontife » lui-même au sein du vaste vignoble de la vallée du Rhône, il « termine en feu d'artifice les grandes appellations des collines rhodaniennes », pour citer le baron Le Roy, haute figure pionnière de l'AOC au début du XXe siècle. Entre la rive gauche du fleuve et l'Ouvèze, héritant d'un terroir exceptionnel – un plateau surélevé en majeure partie constitué de galets –, jouissant d'un ensoleillement optimal et de l'action bénéfique du mistral – grand chasseur de nuages et sécheur de pluies –, Châteauneuf, dit « du Pape » à partir de 1893, a tout en effet pour produire un cru prestigieux. Et son destin le prouve.

Rude terroir de galets roulés, le vignoble de Châteauneuf-du-Pape est prédestiné aux vins de caractère…

## Le grenache et les autres…

Pionnier de la notion d'AOC dès les années 1920 pour lutter contre la médiocrité et la fraude, le vignoble de Châteauneuf-du-Pape s'est donné – sous la conduite du baron Le Roy de Boiseaumarié, propriétaire du château Fortia et avocat – des règles de production exceptionnellement strictes et une large palette de cépages – treize, blancs et rouges confondus – très inégalement pratiqués.
Le vin rouge, couleur qui domine à 90 ou 95 % selon les années, privilégie amplement le grenache, qui peut même être cépage unique. Il s'accompagne volontiers de syrah, de mourvèdre et de cinsault, et parfois de quelques autres très minoritaires. Le vin blanc, beaucoup plus rare, fait essentiellement appel au grenache blanc, à la clairette, à la roussanne et au bourboulenc.

Autant dire que les vins peuvent se forger des personnalités très diverses, sans jamais se départir – sauf pour certaines expériences plus « modernistes » – de leur caractère chaleureux et charnu, et de leur richesse de parfums de fruits, de plantes aromatiques et d'épices, évoluant vers le cuir, le tabac, la truffe et les notes giboyeuses : une invitation à la gastronomie…

## Un destin d'exception

Entre Orange la romaine et Avignon la papale, Châteauneuf trouve sa place historique en devenant résidence d'été des papes. Des papes qui, tels Clément V – le célèbre « Pape Clément » des Graves dans le Bordelais – ou Jean XXII – venu de Cahors et artisan de l'essor du vignoble « castelpapal » –, donnent définitivement ses lettres de noblesse au vin de Châteauneuf.
Le château des Papes est ainsi construit au XIVe siècle, puissante bâtisse dominant le village mais réduite aujourd'hui aux vestiges du donjon, à un grand pan de mur et à une salle basse dite « Cellier pontifical » où l'Échansonnerie des papes, la confrérie locale, tient ses conseils. Un clos de vignes rappelle que c'est là que s'est forgée la réputation du vin du pays. De ce site élevé, la vue porte jusqu'aux Alpilles, à Avignon, aux Dentelles de Montmirail et au mont Ventoux. Sur les côtés sud et est, le vieux village étend ses rues et ruelles à l'ombre du clocher de Notre-Dame-de-l'Assomption, d'origine romane, mais essentiellement des XVIIIe et XIXe siècles. Éléments de remparts

du XIe ou du XIVe siècle, demeures anciennes, fontaines et puits, oratoires ou vieille chapelle Saint-Théodoric remontant au Xe : au milieu des maisons de viticulteurs et des caves à vins, le passé et le présent s'interpénètrent et témoignent d'une activité jamais démentie.

## Les galets et la vigne

C'est une véritable mer de vignes qui entoure le village de Châteauneuf, débordant sur Courthézon et Bédarrides à l'est, Sorgues au sud et Orange au nord. Mer de vignes et mer de galets : plateaux et terrasses possèdent la remarquable caractéristique d'être couverts, sur un fond argileux, de gros galets jadis roulés par le Rhône. En restituant au cours de la nuit la chaleur accumulée le jour, ils offrent aux raisins une maturation superlative. Néanmoins certains terroirs diffèrent par leur sol sableux, propice à une élégance particulière. Pente, exposition, sol, grosseur des galets déterminent des terroirs qui constituent plus de cent vingt lieux-dits, dont le nom s'est transmis aux domaines : La Nerthe, Fortia (ou Fortiasse), Cabrières, Mont-Redon, La Gardine, Vaudieu, Le Rayas, etc. Au cœur du vaste territoire réputé de la Crau, dans la partie sud-est de l'appellation, le domaine du Vieux Télégraphe rappelle qu'en ce point le plus élevé de la contrée Claude Chappe installa à la fin du XVIIIe siècle un de ses sémaphores de communication. Ainsi, aux quatre coins du vignoble, châteaux et demeures font écho à travers les siècles au château des Papes : châteaux La Nerthe, Fortia ou Vaudieu, avec leur architecture du XVIIIe siècle, château des Fines Roches, étonnant pastiche médiéval du XIXe siècle, autant de témoins d'un prestige sans éclipse.

En position dominante sur la rive gauche du Rhône, Châteauneuf-du-Pape est sous la double protection du château des Papes et, au loin, du mont Ventoux (double page suivante).

# Caromb

VALLÉE DU RHÔNE

Village du Comtat Venaissin au charme provençal, Caromb vit au milieu des vignes, des cerisiers, des oliviers et des cyprès.

La silhouette impressionnante et nue du mont Ventoux – le « mont chauve » disait Frédéric Mistral – est omniprésente dans cette partie nord des Côtes du Ventoux. Sur les contreforts du massif et à l'arrière des Dentelles de Montmirail, tournés vers le plein sud et protégés du mistral, les villages s'accrochent à leurs collines aux pentes de plus en plus douces en descendant vers le sud : Malaucène, Le Barroux, Crillon-le-Brave, Bédoin s'inscrivent ainsi dans le vaste amphithéâtre formé par le « géant de la Provence ». Et Caromb, avec son charme tout provençal, étape de la Route de l'olivier qui mène de moulin en moulin à travers le Vaucluse et de la Route du vin qui trouve là, à côté de la cave coopérative Saint-Marc, un musée des Vieux Outils plein d'une poésie d'un autre âge.

### La vigne, depuis toujours

Vaison-la-Romaine, Orange, Avignon : l'extraordinaire richesse historique et archéologique du pays n'est plus à démontrer,

### Une appellation qui monte…

L'appellation ne monte pas seulement sur les contreforts du mont Ventoux ! Elle monte dans une qualité qui commence – après trente ans d'existence comme AOC Côtes du Ventoux – à s'imposer par la personnalité de ses vins rouges issus, en assemblages variables, du grenache, de la syrah, du cinsault, du mourvèdre, du carignan et de quelques autres. Mais les rosés ont aussi à proposer leur finesse florale, et les blancs, plus rares (principalement de la clairette, du bourboulenc et du grenache blanc), une belle harmonie aromatique. Une jeune génération de vignerons indépendants – à côté des seize caves coopératives – s'emploie à faire entendre la petite musique originale des Côtes du Ventoux dans le concert des grandes appellations…

et mille objets, poteries ou cuves vinaires attestent une culture de la vigne et du vin deux fois millénaire…

À peine surélevé, la montagne en toile de fond, installé à l'abri de ses remparts et de ses portes à la croisée des routes de Beaumes-de-Venise, d'Aubignan, de Carpentras, de Modène et de Mazan, Caromb se signale sans ostentation au cœur du Comtat Venaissin par sa rustique église gothique au court mais large clocher octogonal inachevé, et, au point le plus haut du vieux village, par la tour ronde du beffroi du XVI$^{e}$ siècle, coiffée d'un élégant campanile en fer forgé. Le vignoble des Côtes du Ventoux est là tout autour, à perte de vue, mêlé aux vergers de cerisiers – la Fête des Cerises de Caromb marque le début de l'été en juin –, aux oliviers et aux cyprès. Gorgés de soleil, les vins ont un bonheur d'expression longtemps maintenu sous l'éteignoir par le gros négoce de la vallée du Rhône. Le caractère particulier des terroirs, et notamment un climat moins chaud que dans les proches Côtes du Rhône, confère aux vins une belle fraîcheur qui assure le mariage du fruit et des épices, et qui, au bout de quelques années, soutient les nuances de garrigue, de résineux et de truffe : un inimitable parfum de pays.

Le vieu village médiéval se signale par son beffroi coiffé d'un élégant campanile en fer forgé.

# Condrieu

VALLÉE DU RHÔNE

En surplomb au-dessus du Rhône, le vignoble de Condrieu est fait de rudes terrasses consacrées au viognier, le grand cépage blanc local.

Village de vignerons et village de mariniers : c'est ainsi que Condrieu a bâti sa réputation au fil des siècles. Au bord de la rive droite du Rhône, accroché au piémont du massif du Pilat, le village avait là naturellement une double vocation. La navigation fluviale, maintenant supplantée par des moyens de transport plus modernes, n'est plus qu'un souvenir. Mais les mariniers ont joué un rôle actif dans les plus belles pages de l'histoire condriote et dans la renommée des vins qui font aujourd'hui la prospérité des Côtes du Rhône septentrionales.

### Au cœur du Condrieu, Château-Grillet

Certes, le viognier est le grand cépage de la seule appellation rhodanienne réservée au blanc, Condrieu. La seule ? À dire vrai, il l'est aussi de cette singulière enclave sise entre Vérin et Saint-Michel-sur-Rhône, baptisée du nom de l'unique propriété de l'appellation, le Château Grillet. À peine 3 hectares de vignes admirablement situées sur les terrasses d'un petit amphithéâtre bien abrité et exposé plein sud, autour d'un manoir construit au XVIe siècle mais doté de caves beaucoup plus anciennes. Sa production, confidentielle, est un vin de légende, sorte de « grand cru » de Condrieu, sec mais onctueux, aux nuances de fleurs et d'acacia, de fruits et de miel léger.

### Entre monts et Rhône

Les pentes qui dévalent vers le fleuve ne peuvent être maîtrisées que par une succession de terrasses audacieuses et étroites, soutenues par des murs et formant des bandes de terre granitique riche en mica, fort peu productives. Cette incroyable difficulté du terrain et la faible rentabilité de telles vignes, jointes aux ravages du phylloxera à la fin du XIXe siècle, ont bien failli coûter la vie à un vignoble qui ne ressuscite véritablement qu'à partir des années 1970. Dans la boucle du Rhône qui dessine son territoire, le village a retrouvé la prospérité qui lui valut jadis des remparts et la tour du Garon dans la ville haute, de belles demeures dans la ville basse – la somptueuse Maison de la Gabelle, des XVIe et XVIIe siècles, est un signe qui ne trompe pas, de même que l'hôtel de Villars... –, à côté de l'église à l'admirable décor roman, fidèle gardienne du souvenir des mariniers.

### Le roi viognier

À partir de Condrieu, la vigne – uniquement du viognier, seule source des vins blancs si parfumés du cru – suit la rive et les escarpements des « ravins » qui entaillent la côte, se réservant les meilleures expositions sur le village même, mais aussi sur Vérin, Saint-Michel-sur-Rhône, Chavanay, Malleval, Saint-Pierre-de-Bœuf et Limony. Sur ce long ruban de seize kilomètres, une centaine d'hectares à peine – mais c'est dix fois plus qu'aux heures sombres de l'après-guerre – sont capables de produire, par la grâce du viognier, le plus grand vin blanc de la vallée du Rhône, parfois doux, à la fois fin et corsé, délicatement nuancé de violette, d'abricot et d'amande : le condrieu.

# Gigondas

VALLÉE DU RHÔNE

Le bonheur simple d'une petite place ombragée au cœur de Gigondas, dans les collines du Vaucluse...

Qu'est-ce qui fait la « joie » – le mot latin *jocunditas*, qui a donné Gigondas, signifie joie, allégresse – des habitants de ce village enchâssé dans les collines du Vaucluse, au-dessus de la vallée de l'Ouvèze ? La beauté du site ou la générosité de son vin ? À dire vrai, ces deux richesses sont inséparables : ce sont les coteaux accrochés au pied des impressionnantes Dentelles de Montmirail qui donnent son caractère au gigondas, aujourd'hui l'égal du châteauneuf-du-pape au sommet des meilleurs crus rouges rhodaniens.

## Un site, un caractère

Admirablement situé au point de rencontre des Alpes et de la vallée du Rhône, longtemps seigneurie de la Principauté d'Orange enclavée dans le Comtat Venaissin, Gigondas garde du passé son aspect fortifié. Les remparts, le château féodal et, plus loin, la tour Sarrasine semblent assurer encore la tranquillité du village, maisons imbriquées les unes dans les autres autour de l'église Sainte-Catherine, de son petit clocher et de sa façade où le temps qui passe s'inscrit au cadran solaire et à l'horloge...
La culture de la vigne, comme celle de l'olivier, est des plus anciennes à Gigondas : légionnaires romains, puis moines et religieuses s'y sont attachés en leur temps. Le terrible hiver 1956, en détruisant les oliviers, a imposé définitivement la seule viticulture. Sous la falaise verticale et blanche des Dentelles de Montmirail, tout en arêtes déchiquetées et en aiguilles dressées vers le ciel, passé les pins, les chênes et les genêts, la vigne couvre les coteaux qui dévalent vers la plaine et s'y prolongent, plus bas que le village à mi-pente. Le terroir, l'exposition ouest-nord-ouest et les cépages méridionaux trouvent là une alliance heureuse, donnant des vins généreux mais élégants, d'une puissance contenue et de bonne garde, avec une personnalité désormais bien marquée au sein de la grande famille des côtes-du-rhône.

### Une grande expression du grenache

Longtemps simple Côtes du Rhône puis Côtes du Rhône-villages, Gigondas est passé AOC communale en 1971. Il atteint aujourd'hui 1 300 hectares répartis entre des sols de molasses sableuses calcaires dans les parties élevées du vignoble – aux vins plus harmonieux – et d'alluvions anciennes dans les parties basses – aux vins plus chaleureux. Le grenache est de loin le cépage principal, accompagné de syrah et/ou de mourvèdre et de quelques autres. Riche, aromatique et épicé, avec des nuances poivrées ou réglissées, d'acidité basse, le grenache gagne, sur un terroir moins chaud qu'en d'autres appellations rhodaniennes, une expressivité, une fraîcheur et un équilibre rares. C'est cette qualité qui le distingue aux yeux des amateurs.

Vieilles maisons étagées à flanc de coteau (double page suivante), entre vignes et oliviers, sous les Dentelles de Montmirail : Gigondas garde le souvenir de sa puissance ancienne.

# Grignan

## VALLÉE DU RHÔNE

Groupé sur son rocher en plein milieu des Coteaux du Tricastin, Grignan émerge des vignes avec le mont Ventoux en toile de fond.

Le souvenir de M$^{me}$ de Sévigné, qui fit ici – loin de la cour de Versailles – de longs séjours auprès de sa fille M$^{me}$ de Grignan, emplit le village d'un parfum littéraire. Mais, dans sa spontanéité « à bride abattue », ce sont les senteurs des plantes aromatiques, des melons, des figues et des muscats que l'épistolière aimait à louer, tout en regrettant les hivers un peu rudes du Tricastin, certains jours de mistral, dans les grandes pièces et les couloirs du château de Grignan…

### La Drôme provençale

À la limite du Dauphiné et de la Provence, le Tricastin annonce les Côtes du Rhône méridionales : dans un climat qui adopte là un caractère déjà méditerranéen, les vignes des

Coteaux du Tricastin s'associent aux amandiers, aux oliviers et à la lavande. Et aux chênes si indispensables aux célèbres truffes du pays. C'est dans ce paysage que, sur la route de Valréas et de Saint-Pantaléon-les-Vignes, dressé sur son rocher au-dessus du village, le château de Grignan impose sa forte silhouette. Ancienne place forte médiévale transformée en résidence Renaissance ouvrant sur le midi, il domine les toits gris-rose teintés de mousse sur

### Charme et équilibre

Coteaux sableux ou terres caillouteuses, les terroirs des Coteaux du Tricastin, élevés au rang d'AOC en 1973, traduisent en avantages leur situation septentrionale dans la zone d'influence méditerranéenne : fraîcheur, fruit, une certaine élégance vive, un caractère souvent friand qui les distinguent des côtes du Rhône du sud voisins. Grenache, syrah, cinsault et carignan sont là aussi les cépages principaux, mais la syrah gagne en importance et apporte un surcroît de fruit et de touches poivrées qui renforcent le caractère des rouges, la couleur largement majoritaire.

le versant nord. À ses pieds, les rues s'enroulent autour de la colline, discrètement surveillées par le beffroi qui surmonte une porte du XIIe siècle… place de Sévigné, bien sûr ! L'admirable terrasse du château, qui couvre la collégiale Saint-Vincent construite en contrebas – dernière demeure de Mme de Sévigné –, offre une large vue qui embrasse les Dentelles de Montmirail et le Ventoux, la plaine du Comtat Venaissin et les Alpilles, et, de l'autre côté du Rhône, les montagnes du Vivarais.
Avec plus de modestie terrienne, à quelques kilomètres de là, le petit village de Taulignan séduit par ses ruelles, ses placettes et ses fontaines enserrées dans son enceinte médiévale aux onze tours. Et de novembre à mars, tandis que les Coteaux du Tricastin affinent leurs arômes de fruits relevés d'épices, la truffe envahit le marché du dimanche de Taulignan, puis celui du mardi de Grignan…

Le célèbre château de Grignan domine de sa masse imposante les toits du village.

# Séguret

VALLÉE DU RHÔNE

L'Ouvèze, née dans les Baronnies, rejoint le Rhône juste après Sorgues. Son cours traverse Vaison-la-Romaine puis, obliquant vers le sud, longe les coteaux et les rochers calcaires du pied des Dentelles de Montmirail, muraille déchiquetée qui se dresse sur sa rive gauche, au-dessus de la plaine du Comtat Venaissin. Gardé par les ruines du château fort féodal qui domine la vallée, Séguret est accroché là sur son rocher, délicieux et pittoresque village de crèche provençale presque inchangé depuis le Moyen Âge. Les ruelles pentues, « caladées » – on appelle ici « calades » les galets roulés si typiques de la contrée –, serpentent entre les maisons anciennes d'un bel ocre chaleureux pour mener le promeneur à la découverte de la petite place de la fontaine des Mascarons – quatre figures « grotesques » crachant un filet d'eau fraîche – ou de l'église Saint-Denis, sobre et rustique édifice du XII$^{e}$ siècle.

Ruelles tortueuses et « caladées », vieilles maisons aux toits de tuiles : le charme délicieux du village de Séguret.

## Vignes, oliviers et vergers

Dans ce somptueux paysage, les terrasses des coteaux et les pentes douces qui s'inclinent vers la plaine alternent vignes, oliviers et vergers. De grande et fort ancienne tradition vigneronne, comme toute la vallée de l'Ouvèze, Séguret fait aujourd'hui partie de la famille des Côtes du Rhône-Villages, élite des vins du Rhône à côté des crus les plus réputés. Mais, modeste en superficie, il reste discret, plus enclin à la quiétude villageoise qu'aux fureurs médiatiques ! Il associe depuis 1960 sa cave coopérative à celle de Roaix, autre village paisible, sis sur la rive droite de l'Ouvèze. Semblable modestie, dans un cadre si grandiose, ajoute au charme de la visite et au bonheur de la dégustation sur place…

## Une AOC Villages communale

L'appellation Côtes du Rhône-Villages Séguret fait partie des AOC communales bien typiques de la vallée du Rhône méridionale, seize villages dont la moitié est située dans le Vaucluse. À Séguret les rouges sont, avec quelques rosés, très largement majoritaires : nés du grenache, de la syrah, du cinsault, du mourvèdre et de quelques autres cépages plus modestes, ils sont pleins, généreux, marqués par le fruit mûr, avec des notes épicées, et, comme dans toute la vallée de l'Ouvèze, généralement de bonne garde, à l'image de leurs grands frères des crus de Gigondas et de Vacqueyras. Plus rares, les blancs séduisent par des assemblages qui peuvent comporter clairette, grenache blanc, roussanne, marsanne et bourboulenc.

Dans le vaste décor des coteaux qui s'étendent au pied des Dentelles de Montmirail, Séguret apparaît comme un des plus beaux villages des Côtes du Rhône méridionales.

ATELIER DE FABRICATION
SANTONS

# Suze-la-Rousse

VALLÉE DU RHÔNE

Au pied de son puissant château (page de droite), le bourg de Suze-la-Rousse tient une position importante à la frontière de la Drôme et du Vaucluse.

Rousse pour la couleur de la terre et du rocher de la Garenne – la colline où Suze est bâtie –, ou rousse pour le souvenir de la chevelure flamboyante de Marguerite des Baux, châtelaine de la famille des princes d'Orange dont la lignée a joué un grand rôle dans le destin du village au Moyen Âge ? Ce qui est sûr, c'est que la chaude couleur du bourg au pied de son imposant château attire le regard du voyageur au milieu du vaste vignoble qui se partage cette pointe sud-ouest de la Drôme avec les oliviers et les chênes truffiers. Tandis que le village regarde vers l'est et le sud, le château domine au nord et à l'ouest la plaine où le Lez, descendant des Baronnies, court – en contrebas du parc – vers Bollène et le Rhône.

## Un village autour de son château

Bâti à même le roc au XIIe siècle et entouré de profonds fossés, embelli et aménagé au cours des siècles, le château de Suze-la-Rousse impressionne par sa masse puissante et fermée sur elle-même, et par son aspect de forteresse moyenâgeuse. L'intérieur n'en est que plus surprenant, avec la cour à arcades réalisée au XVIe siècle dans le style de la Renaissance italienne et avec les aménagements et décors des grandes salles. Du château, le paysage s'ouvre vers le mont Ventoux et les Dentelles de Montmirail. Au pied des courtines, le vieux village conserve la sobre église romane de l'ancien prieuré et de nombreux éléments du « barri », le rempart qui assurait jadis la protection, ainsi que le beau bâtiment du XIVe siècle qui fut un temps la mairie ou la halle aux grains édifiée au XVIIIe.

## Des vins de fruit

En pleines Côtes du Rhône méridionales, le vignoble de la région de Suze-la-Rousse, à la limite de la Drôme et du Vaucluse, produit à la fois des vins d'AOC Côtes-du-Rhône et d'AOC Côtes du Rhône-Villages. Cette partie de l'appellation qui s'étend entre l'Aigues (ou Eygues) et le Rhône, et dont Suze est le cœur, compte des villages types comme Tulette – connu pour l'énorme Cellier des Dauphins et ses deux grandes caves de vieillissement installées dans l'ancienne abbaye de Bouchet et à Saint-Restitut – comme Sainte-Cécile-des-Vignes ou encore Rochegude. Les vins rouges ont un caractère généreux, fruité et « primeur », il sont moins tanniques et charpentés que leurs voisins nés plus à l'est et plus au sud, vers les Dentelles de Montmirail. Mais là aussi, le grenache est largement dominant, rafraîchi principalement par la syrah et le cinsault.

### L'université du Vin

Installée depuis 1977 dans une partie du château, l'université du Vin de Suze-la-Rousse est un centre d'enseignement, de formation, de dégustation et de documentation unique en son genre et de grande réputation. Elle est entièrement consacrée aux métiers de la vigne et du vin. Un jardin des Vignes, à l'intérieur du vaste parc du château, présente une collection ampélographique riche de quelque soixante-dix cépages.

# Les Baux-de-Provence

PROVENCE

Paysage de rochers où se mêlent vignes, oliviers, amandiers et cyprès, tel est le site incomparable des Baux-de-Provence.

Dernier relief face au mistral avant la plaine de la Crau, la Camargue et la mer, les Alpilles en subissent les assauts furieux. Drues mais peu élevées, elles font saillie entre la Durance et le Rhône, mélange de collines et de hérissements rocheux. Dans la partie ouest, la ville-citadelle des Baux-de-Provence se dresse sur son éperon calcaire – *baou* en provençal, qui a donné Baux – entourée d'à-pic vertigineux, dominant de toute sa hauteur le val d'Enfer et la vallée de la Fontaine. Rocher et murs mêlés, elle émerge au-dessus des vignes et des oliviers ponctués d'amandiers et de cyprès. Blanc crème puis rougeâtre, la roche riche en alumine et en oxyde de fer – exploitée à partir du XIXe siècle pour la fabrication de l'aluminium – a pris le nom de bauxite.

## L'« Acropole de la Provence »

L'expression de l'écrivain André Suarès dit assez la majesté des Baux. L'Histoire, depuis le XIe siècle, a toujours réservé à la cité et à son fief un destin indépendant, voire rebelle, à l'image des irréductibles seigneurs des Baux. La citadelle en garde une allure saisissante : érigée au sommet du rocher, faisant corps avec lui, à moitié creusée dans le roc, à moitié bâtie, elle est dominée par le donjon du XIIIe siècle. Sauvages et impressionnantes, les ruines de la cité

« morte » – chaos de roche, de pans de murs, d'escaliers, de vestiges de tours et de demeures – surplombent le village « bas » installé sur les versants ouest et sud. Cette partie basse s'est développée au gré de l'intégration des Baux au comté de Provence puis au royaume de France : elle est riche d'édifices, de maisons et d'hôtels des XV$^{e}$ et XVI$^{e}$ siècles, tels l'hôtel de Manville – aujourd'hui musée et hôtel de ville –, l'hôtel des Porcelets – aujourd'hui musée Yves-Brayer –, l'ancienne chapelle, devenue musée des Santons, ou encore, plus bas dans la vallée de la Fontaine, le « casin » Renaissance dit

Ruines de la cité « morte » et vieilles maisons du village « bas » ne font qu'un avec le rocher, créant un décor des plus impressionnants.

« Pavillon de la reine Jeanne ». Des temps plus anciens reste l'église Saint-Vincent, semi-troglodytique et en partie romane, à laquelle fait face, depuis le XVII$^{e}$ siècle, la sobre et rustique chapelle des Pénitents Blancs.

## La vigne, omniprésente

Le contraste est marquant entre la belle ordonnance du village et la nature déchiquetée par l'érosion ou tourmentée par le mistral, dont on retrouve l'écho dans l'œuvre provençale de Van Gogh. Contraste aussi avec le dessin régulier des vignes qui s'étendent dans la lumière, le soleil et le vent au nord et au sud des Alpilles, de part et d'autre des Baux.
Des vignes qui étaient sans doute déjà omniprésentes dans l'immense Province Narbonnaise que les Romains, à la suite des Massaliotes, ont initiée au vin. La richesse des vestiges archéologiques de Glanum, sur la route de Saint-Rémy-de-Provence, témoigne abondamment de la vitalité exceptionnelle des lieux, proches de la Via Aurelia qui reliait Rome à Arles en ces temps reculés.
Outre le village éponyme, l'appellation Les Baux-de-Provence donne leurs lettres de noblesse aux bourgades pittoresques de Saint-Rémy-de-Provence et Saint-Étienne-du-Grès, Mouriès, Maussanne, Le Paradou et, sur la route d'Arles, Fontvieille, village du célèbre moulin chanté par Alphonse Daudet, véritable symbole de la Provence traditionnelle, auprès duquel l'écrivain aimait venir « se guérir de Paris et de ses fièvres »...

### Une identité enfin reconnue

Longtemps assimilée à l'appellation Coteaux d'Aix-en-Provence, d'abord comme VDQS puis comme AOC en 1985, l'aire des Baux-de-Provence, petite partie occidentale de cette vaste région, finit par obtenir son AOC propre en 1995 pour les rouges et les rosés (une AOC distingue également la production d'huile d'olive locale). Ainsi était reconnue une spécificité de terroir qui doit à ses sols arides et rocheux, à son climat chaud, sec et venté, mais plus arrosé et plus précoce, une typicité affirmée, sans doute plus homogène que dans les Coteaux d'Aix. Avec des règles de production plus strictes, les Baux-de-Provence privilégient le grenache et la syrah, complétés de mourvèdre et d'un peu de cabernet-sauvignon, ainsi que de cinsault pour les rosés. À la fois chaleureux et élégants, d'une belle harmonie au bout de quelques années de garde, ils sont assurément parmi les vins les plus intéressants de Provence.

Charme des ruelles du village (à gauche) ou étonnant paysage de la campagne provençale (page de droite), tout désigne les Baux-de-Provence comme un lieu de caractère.

# Bonnieux

PROVENCE

Village perché en bordure du massif du Luberon, Bonnieux enchevêtre ses maisons anciennes au pied de son église « haute », dans un somptueux paysage (double page suivante).

Au milieu des chênes verts, entre Petit Luberon et Grand Luberon, la combe de Lourmarin, où court l'Aiguebrun, est gardée au nord par Bonnieux, un des nombreux villages perchés qui ponctuent le flanc septentrional du massif, face au nord, et face aux menaces dont l'Histoire n'a pas été avare dans ces lieux déjà convoités au néolithique… L'admirable pont Julien, qui franchit le Calavon depuis le Ier siècle avant J.-C. sur le parcours de la Via Domitia – le chemin « roumieu » ou « romain » des Provençaux –, témoigne pour l'époque romaine. Et le face-à-face de Bonnieux la catholique avec Lacoste la protestante – où plane dans les restes du château l'ombre du marquis de Sade – évoque des épisodes parfois sanglants.

## Un village perché du Luberon

Surplombant la vallée du Calavon, le pays d'Apt et ses « ocres », le village de Bonnieux épouse la fière silhouette pyramidale de la butte rocheuse que vient encore accentuer la pointe du clocher de l'église surmontée d'une statue de la Vierge. Cette église « haute », moitié romane et moitié gothique, dotée d'une couverture de dalles de pierre, domine les lieux au milieu d'un bouquet de cèdres et de cyprès : la terrasse offre un large panorama sur Lacoste, Gordes ou Roussillon, et, dans le lointain, sur le mont Ventoux. Dans ce qui reste des remparts des XIIIe-XIVe siècles, les rues escarpées ont la blondeur de la pierre du pays. Maisons anciennes et hôtels particuliers, tel l'hôtel de Rouville aujourd'hui mairie, rappellent l'opulence passée, celle d'une cité pontificale, enclave du Comtat Venaissin en terre provençale. De ce temps-là à celui plus récent des caves coopératives, le vignoble a toujours fait partie du paysage, parsemé d'innombrables « bories » dressées en pierres sèches. Aux splendeurs du Parc naturel du Luberon, la vigne ajoute le festonnement de ses rangs entre bastides et villages.

### La nouvelle naissance des Côtes du Luberon

Longtemps limité au raisin de table, le vignoble du Luberon a retrouvé une tradition vinicole qui lui vaut l'AOC Côtes du Luberon depuis 1988. Répartis au nord de la montagne – de Maubec à Apt – et au sud – de Puget-sur-Durance à Grambois et Mirabeau –, ce sont trente-six villages, tous à l'intérieur du Parc naturel du Luberon. Les sols de sable et d'éboulis calcaires, sur 3 400 hectares, conviennent aux cépages traditionnels rhodaniens. Parmi eux, grenache et syrah dominent dans des rouges denses, marqués de fruits rouges et noirs, avec des touches de sous-bois et de champignons. Les mêmes cépages méridionaux, bien servis par la fraîcheur nocturne qui prolonge le temps de maturation du raisin, donnent naissance à une belle production de rosés expressifs, au fruit nerveux et élégant. Les blancs tiennent une place remarquable : à partir des grenache blanc, ugni blanc, clairette, bourboulenc, rolle et roussanne, ils conjuguent avec grâce les notes florales et fruitées.

En contrebas du village de Bonnieux courent les vignes qui font désormais partie de l'AOC Côtes du Luberon.

# Brignoles

PROVENCE

Ruelles, places et fontaines contribuent à l'ambiance pleine de charme tranquille des villages de la Provence varoise.

La Côte d'Azur – avec ses plages et son agitation touristique – paraît bien loin : l'arrière-pays varois s'épanouit en coteaux et vallons, dans le charme rural de ses villages entourés de vignes et d'oliveraies avec, en contrepoint, des genévriers, des pins et des chênes à l'ombre fraîche. De place en place affleure la terre rougeâtre de la bauxite, au milieu d'une végétation nourrie de lumière et de soleil. Descendant les pentes orientales du massif de la Sainte-Baume, le Caramy glisse en contrebas de la petite chapelle mérovingienne de la Gayolle, sertie entre les rangs de vignes, puis de l'admirable abbaye romane de La Celle – aujourd'hui siège de la maison des Vins des Coteaux Varois – avant de longer le pied du bourg de Brignoles, haut lieu des comtes de Provence qui en avaient fait leur résidence d'été. La petite rivière rejoint ensuite l'Argens, peu avant l'abbaye du Thoronet, pur chef-d'œuvre de l'architecture romane provençale dressant ses formes dépouillées et austères au sein d'une nature sauvage.

### L'abbaye de La Celle, écrin des Coteaux Varois

Fleuron parmi les plus beaux du Var roman, l'abbaye royale de La Celle, édifiée au XIe siècle, fut un célèbre couvent de femmes. Sa réputation devenue scandaleuse au XVIIe siècle précipita sa fermeture… Aujourd'hui restaurée et propriété du conseil général du Var, elle abrite la maison des Vins des Coteaux Varois et ses multiples activités : expositions, dégustations, musée d'objets et d'outils de vignerons.

Dans le clos de l'abbaye, un vignoble « conservatoire » présente une collection de quatre-vingt-huit cépages provençaux jusqu'aux plus rares. Dans le domaine de l'abbaye, un vignoble « modèle » et un vignoble « observatoire » permettent l'étude des cépages de l'AOC Coteaux Varois et des pratiques culturales. Le tout dans un cadre historique hautement symbolique et enchanteur.

### Au cœur de la Provence varoise

Brignoles occupe, au centre du vignoble varois, une colline où ses vieilles rues étroites s'inscrivent selon un plan elliptique centré sur le palais des comtes de Provence. Le bel édifice du XIIIe siècle et sa chapelle du XVIe forment aujourd'hui le musée du Pays brignolais : le sarcophage du IIIe siècle provenant de la chapelle de la Gayolle, probablement le plus ancien de toute la Gaule chrétienne, en est la pièce la plus intéressante. Au-dessus des toits de tuiles pointe le clocher de Saint-Sauveur, typique église-halle provençale avec sa large nef gothique précédée d'un portail roman.
Les venelles environnantes recèlent nombre de maisons anciennes et des éléments de remparts, tours ou portes comme celle de Saint-François ou celle de saint-Pierre, jadis dotée d'une « Vierge noire » aujourd'hui au musée.
Pentes et « restanques » de cette Provence « verte » sont vouées à la grande famille des cépages provençaux, revigorée par la création de l'AOC Coteaux-Varois en 1993. Autour de Brignoles, vingt-sept autres villages en déclinent toutes les nuances, avec une fraîcheur particulière qui conjugue les effets de l'influence maritime et d'une altitude supérieure à celle des vignobles côtiers.

Sur la place du Palais-Comtal, l'ancienne résidence d'été des comtes de Provence est aujourd'hui le musée du Pays brignolais.

# Cassis

PROVENCE

La profonde baie de Cassis, ceinte de hauteurs calcaires qui tombent dans la mer (double page suivante), accueille un vignoble aux coteaux pentus aménagés en « restanques ».

« Le front en plein midi et les pieds dans la mer » : nul ne saurait mieux résumer Cassis que le Provençal Frédéric Mistral ! La poésie est ici naturelle.
Site exceptionnel de la bordure méditerranéenne, déjà adopté par les Grecs phocéens de l'Antiquité pour sa situation privilégiée, Cassis serre ses maisons ocre clair au fond de sa crique, entouré de collines et de barres rocheuses et dominé par l'impressionnant cap Canaille, haute falaise blanche à reflet roux

dressée à 400 mètres au-dessus de la mer. Le petit port de pêche – plutôt dévolu aujourd'hui au tourisme estival – et les calanques alentour miroitent dans une lumière « impressionniste », comme sortis de la palette du peintre Paul Signac, adepte de la beauté des lieux.

### Cassis et ses vins

Petite AOC de 180 hectares, caractérisée par un terroir calcaire qui descend vers la mer en larges terrasses éblouies de soleil, Cassis consacre les trois quarts de ses vignes à la production du « blanc de blancs », le plus réputé de ses vins : issu des cépages blancs clairette, marsanne, ugni blanc, bourboulenc – ici baptisé doucillon – et sauvignon, il en marie les nuances aromatiques pour se forger une personnalité à vocation essentiellement marine. Les rouges et les rosés, plaisants et chaleureux, sont issus de grenache, de cinsault et de mourvèdre.

### Un site naturel d'exception

Les coteaux, étagés en larges « restanques » sur les pentes des collines ou du pied du cap Canaille, laissent courir les rangs de vigne

entre les bouquets de pins ou d'oliviers. Dans cet écrin en amphithéâtre, la violence du mistral n'arrive que faiblement, assagie, et la douce humidité maritime se conjugue à un ensoleillement d'exception.
On comprend que la vocation viticole du site ait attiré aussi bien les chanoines de Marseille du XIe siècle que le roi René au XIVe siècle ou les Florentins du XVIe siècle… Et que, au début du XXe siècle, lors de la reconstitution du vignoble après les ravages du phylloxera, les vignerons cassidens aient été parmi les pionniers des appellations d'origine – avec Arbois et Châteauneuf-du-Pape – pour défendre un terroir et une identité.
Une identité dominée – fait rarissime dans une Provence plutôt portée au rosé – par un blanc lumineux et de caractère qui, toujours selon le grand félibre, « sent le romarin, la bruyère et la myrte », et s'avère si heureux en mariage avec la bouillabaisse, l'anchoïade et l'aïoli ou, plus simplement, le loup et la rascasse.

Le port de Cassis, avec ses barques et ses maisons éclatantes de couleurs dans la lumière méditerranéenne.

# Ménerbes

PROVENCE

Ruelles escarpées grimpant vers le sommet (à droite), bâtisses fortifiées sur tout le pourtour du v llage (page de droite), Ménerbes est un des lieux les plus pittoresques des Côtes du Luberon (double page suivante).

« Navire de pierre au milieu de l'océan des vignes » : l'image ciselée au XVIe siècle par le Provençal Nostradamus reste la meilleure description du village de Ménerbes. Du haut de son promontoire, avec le Luberon en arrière-plan, il tient sous le regard la plaine qui s'étend vers le nord jusqu'aux monts du Vaucluse. À l'horizon, la silhouette du Ventoux impose sa lointaine présence. Aux temps troublés des guerres de Religion, la place forte de Ménerbes ne céda qu'après un long siège qui seul vint à bout d'une telle position inexpugnable.

## Un village fortifié

Épousant la forme du rocher, les remparts médiévaux soutiennent les constructions qui bordent l'escarpement. Ils s'allongent d'est en ouest, de la « proue » à la « poupe », au-dessus des arbres et des terrasses qui s'échelonnent sur la pente. En « proue », la citadelle érigée au XIIIe siècle, maintes fois endommagée et restaurée ; en « poupe », la sobre et charmante église du XIVe siècle et son cimetière en terrasse, paisible et admirable point de vue sur la vaste campagne. En contrebas, le castellet, bâtisse médiévale et Renaissance dotée de deux tours massives, position défensive avancée. Au cœur du village, maisons et grandes demeures du XVIe ou XVIIIe siècle s'imbriquent autour de jardins bien abrités – presque secrets –, tandis que l'ancienne mairie hausse son beffroi vers le bleu du ciel où se dessine le fin campanile en fer forgé du XVIIe siècle, si caractéristique d'un pays qui fait face aux assauts du mistral.

### Le musée du Tire-Bouchon

Le domaine de la Citadelle, à Ménerbes, a bien sûr bâti sa réputation sur ses vins des Côtes du Luberon. Mais aussi sur son musée, qui réunit, dans une partie de l'admirable demeure plus de mille spécimens de tire-bouchons de tous pays ! Apparu dès le XVIIe siècle avec le développement de la bouteille et du bouchon, le tire-bouchon est resté un objet de luxe jusqu'à la généralisation de la mise en bouteilles. En bois, en bronze, en or ou argent, en acier, il reçoit toutes sortes de décors et surtout se sophistique techniquement, avec ses systèmes à double vis, à crémaillère, à levier, etc. Des trésors d'imagination sont mis à son service : rien n'est trop beau pour la clé d'un monde de rêves…

## Vieille tradition, jeune appellation

Bleu du ciel du Luberon, qui joue sous le soleil des contrastes avec les cultures et la terre, bleu intense de la peinture de Nicolas de Staël, dont une partie de l'œuvre s'est accomplie dans l'atelier du castellet de Ménerbes… Tout autour du village, la belle ordonnance des rangs de vigne, modulée par le relief, dispose ses bataillons de cépages méridionaux – grenache, syrah, clairette, et bien d'autres – sous l'autorité de la citadelle. Longtemps sous-estimés malgré l'ancienneté de la tradition viticole locale, les Côtes-du-Luberon ont gagné la bataille de l'AOC en 1988 et s'imposent aujourd'hui parmi les grandes appellations de la Vallée du Rhône provençale.

# Saint-Maximin-la-Sainte-Baume

PROVENCE

Centré sur sa basilique et son couvent royal – avec un vaste et remarquable cloître (ci-dessus) –, Saint-Maximin-la-Sainte-Beaume conserve la structure médiévale des rues et des ruelles (page de droite).

Massive montagne aux crêtes dénudées, forêt sacrée depuis les temps les plus reculés – les Grecs et les Romains ne l'avaient-ils pas dédiée à Artémis, la déesse chasseresse ? –, la Sainte-Baume est aussi le refuge qu'aurait choisi sainte Marie Madeleine pour consacrer ses trente dernières années à la pénitence silencieuse. À l'ubac du massif, la grotte – *baoumo* en provençal – qui abrita cette vie érémitique est vénérée depuis le Moyen Âge. L'ermitage perdu dans la montagne et les oratoires qui jalonnent les sentiers et le « chemin des Rois », emprunté au fil des siècles par les papes et les princes en pèlerinage, attirent toujours pèlerins et promeneurs.
Les sources abondantes sont la providence de la Sainte-Baume, tandis que le bassin qui s'étend au pied du versant nord entre la source de l'Arc et celle de l'Argens, protégé par le mont Aurélien et par la montagne Sainte-Victoire, reste fidèle à la grande tradition viticole du pays varois, offrant à perte de vue vers l'est un paysage de vignes mêlées d'oliviers et de bois.

## Une identité varoise

En construisant patiemment leur propre AOC – obtenue en 1993 –, les vingt-huit villages des Coteaux Varois, dernière-née des appellations provençales, ont réussi à se distinguer de la vaste – et quelque peu disparate – entité Côtes de Provence. Grenache, syrah, cinsault, mourvèdre, cabernet sauvignon, augmentés du tibouren pour les rosés, jouissent là d'un climat plus contrasté et plus continental qu'en bord de mer. Les vins gagnent en fraîcheur et en structure, et leur personnalité s'impose d'année en année, sans battage, dans l'énorme production du sud-est de la France. Une invitation à s'éloigner des sentiers battus…

## À l'ombre de la basilique

La légende veut que les restes retrouvés dans les sarcophages d'une crypte gallo-romaine de Saint-Maximin soient ceux de sainte Marie

Madeleine et de ses compagnons saint Maximin, saint Sidoine et sainte Marcelle. C'est au-dessus de cette crypte que sont construits, dans les dernières années du XIIIe siècle, la basilique et le couvent qui vont contribuer grandement au rayonnement de Saint-Maximin. L'imposant édifice marque de sa forte présence toute la cité. C'est le plus bel ouvrage gothique de Provence : vaste vaisseau à hauts contreforts, de structure et de formes simples mais puissantes, la basilique est flanquée du couvent royal du XIVe siècle, aujourd'hui centre culturel, construit autour d'un large cloître du XVe siècle et prolongé par l'ancienne hôtellerie du XVIIIe siècle, aujourd'hui hôtel de ville. Remparts du XIVe, arcades entremêlées de maisons de la « jutarié » – quartier juif médiéval –, tour de l'Horloge du XVe, maisons du XVIIe – celle du Rabbin ou celle de Lucien Bonaparte : la vieille ville semble jalouse de son riche patrimoine comme du calme de ses places fraîches et de ses allées de platanes…

# Saint-Roman-de-Bellet

NICE

Les vignes qui couvrent les « restanques » des hauteurs nord-ouest de Nice constituent le vignoble renaissant de l'appellation Bellet.

Le hameau de Saint-Roman-de-Bellet et son petit vignoble de l'AOC Bellet ont l'étonnante particularité d'être partie intégrante de la ville de Nice. Nice, bien sûr, c'est la baie des Anges et la promenade des Anglais, la vieille ville et son marché aux fleurs, les vestiges romains de Cimiez et l'architecture baroque des édifices religieux, les ruelles presque villageoises et le faste cosmopolite, le Carnaval et la cuisine niçoise... Mais son vaste territoire déborde largement sur les contreforts des Préalpes, conquis peu à peu par les besoins urbains de la capitale de la Côte d'Azur.

## Des cépages originaux

Avec sa situation « urbaine », l'autre originalité du vignoble de Bellet est son encépagement presque entièrement voué à des variétés locales. Pour les rouges, le braquet, fin et riche, souvent majoritaire dans les rosés, se marie avec la folle noire, colorée et aromatique mais capricieuse. Ils peuvent être complétés par le grenache et le cinsault. Le rolle, cépage blanc de la famille du vermentino italien, donne ici toute sa mesure, parfois associé au chardonnay pourtant bien peu provençal. Différents des autres vins de Provence, les bellets ont dans les trois couleurs une élégance particulière, conjugaison de parfums, de fraîcheur et de légèreté.

## Un vignoble dans la ville

Longtemps circonscrite – jusqu'à l'arrivée du chemin de fer – à ce qu'on appelle aujourd'hui le vieux Nice, la ville jouissait d'un large vignoble sur Bellet, collines situées au nord-ouest, au-dessus de la rive gauche du Var, à proximité de Saint-Roman-de-Bellet. Plus d'un millier d'hectares que le phylloxera, à la fin du XIXe siècle, a réduit à presque rien. Pourtant, classé AOC dès 1941 grâce à sa haute réputation passée, le vignoble reprend vie, gagnant hectare après hectare malgré la concurrence des cultures maraîchères et des œillets qui disputent les terrasses aux villas et lotissements... Il faut dire que les emplacements sont de choix ! Les vignes ne couvrent encore qu'une cinquantaine d'hectares sur les 650 de l'aire d'appellation. Saint-Roman-de-Bellet, petit hameau « nissart » qui se résume à son charme campagnard, vaut par son site admirable et par ses châteaux et domaines viticoles dispersés au milieu des « restanques », ces étroites terrasses de terres maigres étagées le long des pentes, ponctuées d'oliviers et d'eucalyptus, remarquablement ensoleillées mais rafraîchies par la tramontane venant de la montagne le matin et le marin venant de la mer le soir. La vue est splendide, sur les Alpes ou sur la vallée du Var, et le vin, plus vif que ses confrères méridionaux, garde quelque chose de cette alliance du soleil de Provence, de la mer toute proche et de la montagne voisine.

Dans les collines autour de Saint-Roman-de-Bellet, vignes, bois et belles demeures – tel le château de Bellet, superbe propriété viticole (double page suivante) – s'étagent le long des pentes.

# Patrimonio

CORSE

Entre mer et montagne, dans ce large territoire du Nebbio qui s'inscrit en amphithéâtre ouvert vers l'ouest à la base du cap Corse, Patrimonio vit au rythme de ses vignes, loin – c'est-à-dire au-dessus… – de l'agitation touristique du petit port de Saint-Florent pourtant à quelques kilomètres seulement. Un pays riche assurément, convoité au fil des siècles par des envahisseurs – tout particulièrement les Génois – soucieux de positions stratégiques en Méditerranée, mais aussi attirés par un vignoble, des oliveraies, des châtaigneraies et des vergers florissants.

## La Conca d'Oro

Une telle richesse vaut au pays le nom de Conca d'Oro, « conque d'or » tournée vers la mer et dominant le golfe où s'abritent le bourg et le port de Saint-Florent, et où convergent les eaux souvent modestes du Poggio et de l'Alisio tout juste renforcé par le Guadello. Sis à fleur d'eau, Saint-Florent s'enorgueillit de sa citadelle génoise et de l'admirable cathédrale du Nebbio, œuvre romane en calcaire ocre clair à l'ornementation délicate, fierté de toute la contrée. En retrait sur les contreforts de la montagne qui culmine au col de Teghime – superbe point de vue sur la côte occidentale et la côte orientale et sur la serra di Pigno – avant de redescendre vers

Bastia, Patrimonio disperse ses vignes sur les coteaux et les collines qui scandent la paysage jusqu'au bord de mer. À mi-pente, sous la garrigue qui s'étend au-delà des vignes, le village de Patrimonio, sans ostentation, se signale d'abord par l'église Saint-Martin du XVIe siècle augmentée d'un haut clocher au XIXe,

### Le vignoble de pointe de l'Ile de Beauté

En devenant, en 1968, la première AOC Corse, Patrimonio annonçait le renouveau d'un vignoble qui réapprend, à partir des années 1980, ses cépages traditionnels de qualité. Sur le terroir argilo-calcaire de Patrimonio, le nielluccio est le cépage rouge incontesté, frère jumeau du sangiovese toscan. De beaux tanins fermes mais veloutés et une bonne acidité assurent l'équilibre et la capacité de garde de vins séveux, épicés et élégants. Le vermentino – dit ici malvoisie corse – confère aux blancs une grande finesse aromatique aux nuances de fruit mûr et de fleurs blanches. Enfin, sous le nom de Muscat du Cap Corse, le muscat « à petits grains » se propose en vin doux naturel suave et onctueux, aux arômes intenses et gorgés de soleil.

belle et forte construction dont l'aspect brut, sans finition, avec les trous réguliers des boulins, s'accorde à la rudesse rocheuse de la montagne. À l'ombre de l'église, « u Nativu », sobre statue-menhir anthropomorphe du IXe ou VIIIe siècle avant J.-C., rappelle la très vieille histoire de l'île. Les rangs de nielluccio et de malvoisie grimpent vers les villages voisins de Poggio d'Oletta et d'Oletta, sur les contreforts du mont Sant'Angelo. Plus bas, ils voisinent avec les rochers calcaires extraordinairement sculptés par l'érosion, puis ils viennent toucher le sable de la marine de Farinole, rafraîchis par les embruns et l'air marin…

Modeste village en arrière du golfe de Saint-Florent et au pied de la montagne, Patrimonio embrasse le large panorama du superbe vignoble qui porte son nom.

# Lagrasse

LANGUEDOC

Situé sur les bords de l'Orbieu entre vignes et oliviers, Lagrasse jouit d'un site exceptionnel chargé d'histoire.

La montagne d'Alaric, entre Carcassonne et Narbonne, n'est pas seulement une exceptionnelle réserve naturelle d'orchidées. Aux portes du pays cathare, son patrimoine est riche d'une histoire – militaire et religieuse – très mouvementée. Les villages fortifiés, les châteaux et les abbayes du pourtour du massif rocheux s'accordent avec la rudesse grandiose du paysage, tempérée par cette civilisation de la vigne qui, avec l'olivier, ne s'est jamais démentie, de la Narbonnaise gallo-romaine à l'Aude d'aujourd'hui…

### Un terroir des Corbières

Le premier atout de la diversité de l'AOC Corbières, ce sont ses cépages : principalement le carignan, le grenache, la syrah, le mourvèdre, le cinsault pour les rouges, le grenache blanc, le maccabeu, le bourboulenc, le clairette, la marsanne, la roussanne, le muscat pour les blancs. Une telle richesse autorise une grande liberté d'expression en fonction des terroirs. Dans le pays de Lagrasse, à la fois méditerranéen et de maturation longue et tardive, les vins se montrent charnus et équilibrés, fins et nerveux, intensément aromatiques, avec des parfums de fruits nuancés de senteurs de garrigue…

### Une abbaye au bord de l'Orbieu

Frayant son chemin depuis le cœur des Corbières à travers défilés, barres abruptes et bassins plantés de vignobles, l'Orbieu longe la montagne d'Alaric en traversant Lagrasse avant de poursuivre vers le nord-est pour rejoindre l'Aude aux environs de Narbonne.
À la confluence de l'Alsou et de l'Orbieu, Lagrasse jouit d'un site remarquable. Dans un amphithéâtre de monts où la vigne et les bouquets d'oliviers cèdent à mi-pente devant la garrigue et les bois des hauteurs, le village est installé sur la rive droite de la rivière.
Sur la rive opposée, de l'autre côté du pont Vieux, se dresse la vaste abbaye bénédictine Sainte-Marie-d'Orbieu à laquelle, dès les temps carolingiens, le pays doit tout. De la tour préromane du Xe siècle au cloître du XVIIIe, toutes les époques sont inscrites dans la pierre : église abbatiale, chapelle, palais Vieux, dortoir monastique du XIIIe siècle, monumentale tour-clocher du XIVe, palais Neuf du XVIIIe constituent un remarquable ensemble. Jadis blotti dans l'enceinte elliptique de ses remparts dont il reste la tour de Plaisance du XIIe et, au bord de l'Orbieu, la porte de l'Eau du XIVe, le village médiéval garde son réseau de rues et de places étroites aux maisons anciennes – maison Maynard, maison Lautier, maison Sibra, presbytère devenu maison du Patrimoine – dominées par le puissant clocher de l'église gothique Saint-Michel.
Lagrasse, « la fertile » en occitan, est aujourd'hui tournée vers la viticulture.
Le climat méditerranéen rafraîchi par une certaine altitude, la protection de la montagne d'Alaric qui freine les ventes violents du « cers », les sols de « terra rossa » sur calcaire, tout est favorable à la vigne et lui confère une vraie personnalité : Lagrasse est un des onze terroirs qui constituent la vaste appellation Corbières.

Rues et places étroites aux vieilles façades (ci-contre), structure elliptique héritée des anciens remparts (double page suivante) : Lagrasse garde la forte empreinte de son passé.

# Minerve

LANGUEDOC

Sis fièrement sur son promontoire rocheux entouré d'à-pic profonds, Minerve est le village emblématique de l'appellation Minervois.

Longtemps Minerve aura été isolée sur son rocher, dans la pointe formée par la confluence de la Cesse et du Brian. Ce sont là les derniers contreforts des Cévennes, dans un immense paysage impressionnant où le causse calcaire creusé de gorges et de grottes laisse voir sa roche blanche au milieu de la garrigue, des chênes kermès et des genévriers. Véritable « roc-ciutat » (roc-cité), Minerve apparaît comme une presqu'île rocheuse entourée de ravins en à-pic sculptés par ses deux rivières et reliée au causse par un seul passage étroit, sorte d'isthme verrouillé depuis des temps immémoriaux par un système défensif. Au Moyen Âge, le château commandait les fortifications qui complétaient les défenses naturelles du site. Cela n'empêcha pas la prise de la cité par Simon de Montfort en 1210, au terme d'un long siège qui priva d'eau les assiégés cathares et se termina tragiquement par un bûcher de cent quarante « parfaits »...

### Vaste et diverse, l'AOC Minervois

Le Minervois – large amphithéâtre appuyé à la Montagne Noire et tourné vers le sud – s'étend sur les départements de l'Hérault et de l'Aude, offrant à l'AOC des terroirs fort variés où s'associent les cépages languedociens anciens ou plus récents : grenache, carignan, syrah, mourvèdre. Les rouges, au-delà des diversités de terroir, sont denses et chaleureux, pleins de vigueur. Et, sur le causse qui surplombe la Cesse autour de Saint-Jean-de-Minervois, le muscat donne un VDN particulièrement fin et délicat.

### Le symbole du Minervois

Aujourd'hui, Minerve a perdu de son isolement. Reliée à la rive ouest par un pont de pierre construit au XIX$^{e}$ siècle 40 mètres au-dessus de la Cesse, elle attire nombre de visiteurs et d'amateurs de vin. La cité cathare a gardé son aspect médiéval et sa superbe, et les vignes qui couvrent les pentes environnantes ont baptisé le vignoble du Minervois, vaste étendue de terrasses et de coteaux.
Du château du XIII$^{e}$ siècle, il ne reste guère, après les démantèlements successifs, qu'un gros

pilier octogonal – dit la Candela – qui émerge des ruines. La double enceinte des remparts demeure lisible en maints endroits du village : chemin de ronde, tours – tour dite « de la Prison » – et portes – porte des Templiers, du XIII$^{e}$ siècle – protègent encore les vieilles maisons ocre clair aux toits de tuiles rondes. En un point surélevé, l'église Saint-Étienne est inchangée depuis le sinistre bûcher cathare, dans son architecture romane d'un charme sobre et rustique. En contrebas des remparts sur le Brian, accessible par un chemin couvert, le puits Saint-Rustique – celui-là même qu'obstruèrent les croisés pour assoiffer Minerve – est toujours là.

Le « monument » le plus singulier de Minerve est peut-être la Cesse elle-même, avec les deux ponts naturels – le « pont grand » et le « pont petit » – qu'elle a creusés dans la roche calcaire tendre, et dans lesquels s'engouffrent les eaux au moment des pluies et des orages. Un caractère fier et sauvage, voilà sans doute ce que Minerve apporte en héritage au Minervois.

Au cœur du Minervois, dans un paysage impressionnant, la cité cathare n'a rien perdu de son aspect rude et médiéval.

# Roquebrun

LANGUEDOC

Au bord de l'Orb et à flanc de montagne, le village de Roquebrun bénéficie d'un remarquable microclimat propice à la viticulture.

L'Orb, petit fleuve bien nommé, tout en courbes et arrondis dans sa descente des contreforts du Larzac vers Béziers et la Méditerranée… Après avoir adopté une direction plein sud au pied des monts de l'Espinouse et frayé son passage dans des gorges impressionnantes, il offre un site admirable au village de Roquebrun dans une de ces larges boucles dont il a le secret. Accroché à la pente rocheuse qui surplombe la rive droite, le village jouit d'une situation exceptionnelle, bien protégée, dont les orangers et les mimosas en abondance, et les plantes exotiques du charmant « Jardin méditerranéen », sont les symboles.

### Un terroir de schistes

Un des trois crus des Coteaux du Languedoc avec Faugères et la Clairette du Languedoc, l'AOC Saint-Chinian répartit ses 2 100 hectares et ses vingt villages sur deux types de terres : des schistes dans la partie nord, des sols argilo-calcaires dans la partie sud. Les vins les plus typés proviennent des coteaux schisteux. Au même titre que Berlou, le village voisin, Roquebrun se distingue au point d'obtenir, à partir de 2004, le droit d'accoler le nom du village à l'appellation Saint-Chinian. Un pas vers une AOC communale ? Sur ces terroirs peu généreux, le grenache, le carignan, la syrah, le mourvèdre et le cinsault montrent une aptitude à la complexité et à la finesse, avec des tanins fermes mais veloutés, qui donnent des vins au potentiel de garde certain. Le carignan est en régression face à la montée récente de la syrah, et le grenache a une puissance d'expression qu'on retrouve dans certains vins doux traditionnels, aux nuances de « rancio » caractéristiques.

### Le « petit Nice de l'Hérault »

Né autour du piton aujourd'hui encore gardé par la tour de l'ancien château carolingien, le village est progressivement descendu vers le fleuve puis sur la rive gauche. Les terres les plus fertiles et les plus faciles à cultiver sont ainsi

conquises, et les céréales et les oliviers participent alors, avec la vigne, de la richesse du village, comme en témoignent les anciens moulins à blé et à huile en bordure de l'Orb. Le microclimat qui vaut à Roquebrun son surnom de « petit Nice de l'Hérault » définit un terroir parmi les plus remarquables de l'appellation Saint-Chinian, particulièrement favorable à la culture de la vigne qui dispute les meilleurs coteaux aux petits chênes verts, aux chênes kermès, aux arbousiers, aux cistes et aux bruyères.

Le schiste – cette roche brune qui donne son aspect rustique au hameau de Laurenque au-dessus de Roquebrun – forme l'essentiel des pentes souvent abruptes et peu productives. Les cépages languedociens puisent là, dans un climat chaud et sec, un caractère très affirmé où se mêlent le fruit mûr et l'expression minérale du terroir, composant un vin dense mais fin, une des plus fortes personnalités parmi les saint-chinian et, plus largement, parmi les productions d'un Languedoc en plein renouveau.

Sur le terroir de Roquebrun, les cépages méridionaux poussent en bordure de l'Orb ou sur les coteaux schisteux fortement pentus et ensoleillés.

# Banyuls

ROUSSILLON

À la pointe la plus méridionale du vignoble français, si l'on excepte l'avant-poste corse en pleine Méditerranée, et à quelques encablures de la frontière espagnole et de la Costa Brava – la région n'intègre d'ailleurs définitivement la France qu'au XVIIe siècle –, l'extrémité rocheuse des Albères fait écrin aux coteaux, aux criques et aux plages de la Côte Vermeille. Dans le lointain, vers l'ouest, se dessine la silhouette du Canigou, montagne mythique des Pyrénées. Dentelle rugueuse et déchiquetée, scandée par les caps qui s'avancent dans la mer, cette frange maritime est le plus étonnant terroir à vigne, partagé avec l'olivier et de maigres landes. Encadrée par Collioure et Port-Vendres au nord et Cerbère au sud, Banyuls a donné son nom aux extraordinaires vins doux naturels qui sont produits là, laissant celui de Collioure aux vins rouges et rosés.

## Terrasses et « peus de gall »

Banyuls est sise à l'embouchure de la Baillaury et de sa petite vallée prospère. Un peu en retrait, agrippé au coteau au-dessus de la rive droite du cours d'eau, Puig del Mas avait au Moyen Âge une importance au moins égale, se consacrant à la vigne et au vin quand Banyuls s'occupait de pêche, activité aujourd'hui quasi abandonnée, encore évoquée par les barques

Spécialité de Banyuls, le vin doux naturel est parfois vieilli en fûts exposés en plein soleil pour affirmer le caractère fort et puissant de ce pur produit catalan.

### Le grenache extrême

L'AOC Banyuls, c'est le triomphe du grenache dans un style propre au monde méditerranéen, les vins doux naturels. Une tradition issue de vendanges très mûres, et qui a trouvé son originalité technique avec le mutage, mis au point au XIIIe siècle : par ajout d'alcool dans le moût de raisin en fermentation, l'équilibre alcool/sucre résiduel atteint une parfaite maîtrise et donne des vins riches et puissants, aux tanins veloutés, capables d'un très long vieillissement soit en foudre – où ils peuvent prendre une note « rancio » –, soit après une mise en bouteille précoce (« rimages » millésimés).

couchées sur les galets. Avec en toile de fond les premières pentes et les premières vignes, les quartiers de la petite cité entourent la crique : quartier de la Rectorie, avec sa vieille église romane cernée de cyprès – plus émouvante que l'église de Banyuls du XIXe siècle –, quartier pittoresque et coloré de la pointe d'Houme, tandis que l'île Grosse, reliée au port par la jetée, offre un magnifique point de vue sur la côte, et que la chapelle de Notre-Dame-de-la-Salette, édifiée au XIXe siècle à 200 mètres au-dessus de la mer, vaut surtout pour son admirable panorama.

Dans le vignoble parsemé de « casots » – abris de pierre sèche pour le vigneron et ses outils –, les étroites terrasses à murets domptent la pente, et les sillons d'évacuation de l'eau dessinent d'étonnants réseaux obliques en « peus de gall », en « pieds de coq ». Le travail de la vigne y est dur, les vendanges ne peuvent s'y faire qu'à la main et la terre doit être remontée après les orages qui dévastent les coteaux. Ces conditions difficiles, alliées au soleil, à la tramontane et à l'air marin, marquent d'une forte empreinte des vins dont Curnonsky vantait « la cambrure et la chaleur sarrasines ».

Sur les pentes raides et très découpées de la côte autour de Banyuls (double page suivante), le travail de la vigne est rude. Mais la fin des vendanges respecte la tradition festive des Catalans (ci-dessus)...

# Collioure

ROUSSILLON

Couleurs sombres et violacées des schistes abrupts, gris multiples des calcaires, bleu intense de la mer et du ciel, barques catalanes éclatantes dans le soleil qui inonde les ports, formes déchiquetées des Albères qui, extrémité orientale des Pyrénées tombant abruptement dans la Méditerranée, découpent le littoral en une succession de criques, d'anses, de caps, de promontoires et de vallons profonds : cette beauté sauvage de la Côte Vermeille – à peine édulcorée par la vocation touristique du bord de mer – ne pouvait qu'attirer des peintres de la couleur pure comme les « fauves ». Et les pentes parfois vertigineuses des coteaux, dans un exceptionnel climat chaud et sec où les vents et l'air marin jouent un rôle primordial, ne pouvaient que devenir un haut lieu de la viticulture méditerranéenne, ouvert à toutes les routes maritimes.

## Un joyau catalan

Le petit port catalan de Collioure, tout comme Port-Vendres ou Banyuls réunis dans la même aire d'appellation, s'inscrit dans une des criques bien protégées de la côte. La route des Crêtes qui sinue dans les contreforts des Albères domine tout le paysage : elle longe l'ermitage de Notre-Dame de la Consolation puis la tour de Madeloc, ancienne tour à signaux, grosse et ronde sentinelle de schiste qui surveille depuis le XIIIe siècle la vaste étendue marine.

Sur la côte, plages et promontoires rocheux dessinent le site remarquable de Collioure. L'église Notre-Dame des Anges s'avance dans la mer, édifice fortifié du XVII$^{e}$ siècle accolé à l'ancien phare du Vieux Port devenu clocher avec son dôme rose. Elle est précédée par la petite chapelle de l'îlot Saint-Vincent et par le môle, d'où le point de vue sur la bordure côtière est admirable. En arrière, le vieux quartier du Mouré et ses ruelles escarpées entre la mer et le « ravin du Douy » font face à la muraille du château royal. Imposante masse rosâtre refermée sur son donjon médiéval, ancré au bord de l'eau sur un site – convoité depuis l'Antiquité – qui partage le port en deux anses, le château, résidence

Site superbe de la Côte Vermeille (ci-dessous), Collioure séduit aujourd'hui les touristes comme hier les peintres avec ses ruelles colorées et pittoresques (ci-contre).

Les vignes en terrasses surplombent la petite ville de Collioure et sa crique, où se dresse l'ancien phare du port, devenu clocher de l'église Notre-Dame des Anges (page de droite).

d'été des rois de Majorque aux XIIIe et XIVe siècles, est devenu au XVIIe siècle, sous la férule de Vauban, une pièce maîtresse du dispositif défensif du Roussillon – désormais acquis par la France. Au-delà de la plage de Port-d'Avall, l'ancienne église des Dominicains abrite aujourd'hui dans ses murs du XIIIe siècle la cave coopérative, en contrebas des terrasses du jardin Gaston-Pams et du chemin qui monte vers l'extraordinaire point de vue du fort Saint-Elme.

### Un terroir exigeant

Accroché aux pentes, façonné par les murets de pierre qui retiennent les maigres terrasses de terre sur la roche mère schisteuse, ponctué d'arbres rares, le vignoble se dresse au-dessus du village et de la côte. Travail de Sisyphe que celui, séculaire, des vignerons attelés à extraire d'un terroir sévère et brûlant les vins les plus surprenants du Roussillon, des vins colorés, de sève et de chair, « nature » comme on disait jadis pour différencier les rouges des vins doux si généreusement produits par le pays.

### Le vin de l'extrême sud

À la limite de la Catalogne espagnole, l'appellation Collioure se superpose à l'aire d'appellation Banyuls. Elle a été créée en 1971, prenant ce nom communal déjà réputé pour les vins rouges et rosés, et laissant le nom de Banyuls aux vins doux naturels dont l'existence comme AOC remonte à 1936. Mais là aussi c'est le grenache qui règne en maître – plus ou moins complété de mourvèdre ou de syrah, cépages plus frais et moins oxydatifs –, admirablement adapté aux terroirs pauvres et à la sécheresse, il produit des vins riches et puissants, bien vinifiés et à l'architecture élégante. Les fruits mûrs rouges et noirs – cerise, mûre – et les notes épicées caractérisent les arômes du collioure, tandis que sa texture ample et veloutée lui donne des airs de séducteur…

# Bergerac

SUD-OUEST

Les deux rives de la Dordogne, dans la traversée sinueuse du Bergeracois qui mène de cingles en courbes vers la partie libournaise du vignoble de Bordeaux, s'adonnent à la vigne sans retenue. Pas un coteau qui s'y soustrait, pas un village ou un bourg qui ne voit les rangs de ceps affleurer ses premières maisons… Au point que cette frange sud du Périgord a fini par prendre le nom de Périgord « pourpre » pour évoquer la belle robe colorée des vins rouges de la région de Bergerac. Mais il pourrait être tout autant « doré », couleur des vins blancs souvent moelleux ou liquoreux qui naissent de Monbazillac à Saint-Michel-de-Montaigne.

## La capitale du Périgord viticole

Une si riche contrée – cet « autre » grand vignoble d'Aquitaine, le seul en mesure de réellement concurrencer le voisin bordelais – parcourue par un si grand fleuve – auquel la Gironde offre un débouché atlantique – exigeait la maîtrise du trafic fluvial et du passage de la rive nord à la rive sud. Ville-port et ville-pont, Bergerac joue très tôt ce rôle essentiel dans la circulation des hommes et des marchandises. Vins et batellerie y ont toujours fait bon ménage, plus tard accompagnés par le tabac dont la Dordogne se fait grande productrice dès le XVII$^{e}$ siècle.

La vieille ville, sur sa terrasse en position dominante au-dessus de la Dordogne, était évidemment fortifiée, mais il ne reste rien des remparts détruits par Louis XIII après la prise de cette place forte protestante en 1620. Néanmoins, la longue prospérité de Bergerac imprègne chaque rue, chaque ruelle, chaque place, dans un dédale éclatant de toute la palette chaude des ocres jaunes. Maisons anciennes à colombages, fenêtres à meneaux, arcades font le charme surabondant de la rue Saint-James ou des Fontaines, de la place de la Myrpe ou Pélissière.

Ville-étape sur l'une des routes de Saint-Jacques-de-Compostelle, Bergerac conserve son église Saint-Jacques du XIIe siècle mais qui fut restaurée au XIXe, au moment même où se construisaient dans le haut de la ville l'église néogothique Notre-Dame et sa grande flèche.

Le visiteur – surtout s'il est amateur de vin – préférera l'ancien couvent des Récollets et ses admirables caves voûtées, élevé au-dessus du port aux gabares aujourd'hui inactif : il en reste un cloître édifié sur plusieurs périodes avec une belle cour intérieure à galeries, désormais investi par une Maison des vins de Bergerac dont les baies, au-delà du fleuve, s'ouvrent largement sur Monbazillac et son superbe château… Et pour faire bonne mesure, non loin de là, la maison Peyrarède – intéressant exemple d'hôtel du XVIIe siècle – propose un passionnant musée du Tabac, tandis que, au bout de la place de la Myrpe, une charmante maison ancienne de brique à colombage s'est transformée en musée du Vin, de la Batellerie et de la Tonnellerie.

## L'omniprésence de la vigne

Dès les faubourgs de Bergerac, la vigne est là. À l'est, sur le coteau graveleux qui court vers le petit port de Creysse, le lieu-dit Pécharmant

Port sur la Dordogne, Bergerac s'offre au visiteur en une belle suite de façades au bord du fleuve (ci-dessous) et comporte nombre d'élégantes demeures qui témoignent de la longue prospérité de la ville (à gauche).

Aux belles constructions des quais (ci-dessus) répond l'admirable couvent des Récollets, devenu Maison des vins de Bergerac, avec son cloître et sa cour intérieure à galeries (page de droite).

donne son nom au cru le plus célèbre de Bergerac, un vin rouge dense et charnu réputé pour sa longue garde. Dans le quartier nord, au cœur de l'amphithéâtre de collines qui domine la ville et la vallée, la petite appellation Rosette inscrit, au milieu des vignes de bergerac rouge, quelques parcelles qui préservent tout juste une tradition de blanc moelleux léger et floral. Et, dans un plus large rayon, les vignes participent des vastes appellations Bergerac et Côtes de Bergerac, longeant ainsi la rive droite de la Dordogne jusqu'à Saint-Michel-de-Montaigne, avec de jolis points de vue sur la rive d'en face, vers les coteaux de Monbazillac ou de Saussignac.

### « L'autre » grand vignoble d'Aquitaine

Quatre-vingt-treize villages répartis sur les deux rives de la Dordogne – « Vinée » Nord et « Vinée » Sud –, treize AOC, 12 000 hectares : les vins de Bergerac impressionnent et séduisent par leur diversité. Les cépages sont ceux du Bordelais : merlot, cabernet-sauvignon, malbec et cabernet franc pour les rouges et rosés, sémillon, sauvignon et muscadelle pour les blancs. Mais les différences d'assemblage, de terroir et d'exposition modulent une gamme de vins aux personnalités contrastées, blancs secs, moelleux ou liquoreux, non seulement en Bergerac et Côtes de Bergerac, mais aussi en Montravel, Haut Montravel, Côtes de Montravel, Rosette, Saussignac et Monbazillac, rouges là encore en Bergerac et Côtes de Bergerac, mais aussi en Pécharmant et en Montravel… Tous de belle et généreuse saveur, remettant à l'honneur des terroirs qui font valoir leur différence – parfois oubliée – par rapport au grand frère bordelais.

# Cahors

SUD-OUEST

Extraordinaire traversée du Quercy d'est en ouest par le Lot, entre les Causses sauvages et arides, succession de méandres et de boucles où s'inscrivent villages et vignes ! Dans un des plus beaux sites de la vallée, presqu'île étirée bien protégée par un cirque de falaises calcaires appelées ici « cévennes », se love Cahors, la « capitale », cité puissante tout au long du Moyen Âge, un temps grande place financière tenue par les banquiers lombards, patrie de Jacques Duèze devenu le très influent pape d'Avignon Jean XXII. Et enfin vignoble majeur du Haut Pays généreux de ces « liqueurs fortes et savoureuses » chères au Cadurcien Clément Marot… Forte et savoureuse déjà la seule mélodie des villages vignerons de la vallée, de Lamagdelaine au château de Bonaguil : Mercuès, Pradines, Trespoux-Rassiels, Douelle, Parnac, Saint-Vincent-Rive d'Olt, Luzech, Albas, Belaye, Prayssac, Pescadoires, Puy-l'Évêque, Vire-sur-Lot, Soturac, etc.

Cahors conserve dans la vieille ville le tracé des rues et les monuments de l'époque médiévale -telle la tour Jean XXII (ci-contre)-, ainsi que le célèbre pont Valentré, qui enjambe le Lot vers l'ouest (page de droite).

## Au cœur de la vallée du Lot

Ancré au bord du Lot dans la partie amont du vignoble qui porte son nom, Cahors s'est concentré, dès le Moyen Âge, sur le côté est du méandre. Le passage vers l'ouest se fait par le fameux pont Valentré, solide et massif chef-d'œuvre de l'art défensif du XIVe siècle, protégé par ses trois tours carrées, qui reste le symbole de la cité. La vieille ville garde les nombreuses marques de sa prospérité passée : l'imposante cathédrale Saint-Étienne édifiée au XIIe siècle et dotée curieusement de deux larges coupoles, la tour Jean XXII, dernier vestige du palais Duèze, la Barbacane, bâtisse de corps de garde, et la tour des Pendus, qui rappellent les temps où Cahors était ville forte, la maison Renaissance dite « Henri IV » ou les maisons anciennes en brique et à pans de bois du vieux quartier des Badernes ou de la Daurade…

À quoi s'ajoutent nombre de villages fortifiés et de châteaux disséminés dans le vignoble, symboles d'une histoire très souvent agitée et gardiens indestructibles des vignes qui s'étagent sur les terrasses de la vallée ou sur les hautes terres des Causses. Là naissent depuis des siècles des vins fermes et colorés, très appréciés, mais dont le commerce fut longtemps contrarié par un négoce bordelais maître du débouché du Lot par la Garonne et… fort jaloux des vins de trop grande personnalité ! La personnalité du vin est toujours là, mais la rivalité est désormais dépassée pour les cahors du renouveau actuel.

### Le retour du cahors

De grande réputation, surtout pour ses vins « noirs », le Cahors a failli disparaître avec le phylloxera. Aujourd'hui implanté essentiellement sur les terrasses d'alluvions anciennes de la vallée ainsi que sur le causse calcaire au sud du Lot – le « Quercy blanc » – au détriment du causse situé sur la rive nord, le vignoble a su retrouver progressivement, à partir des années 1950-1960, son grand cépage de qualité : l'auxerrois, c'est-à-dire le côt ou malbec, producteur de vins denses et fermes, aux arômes intenses. Le merlot et/ou le tannat peuvent s'y associer et moduler des styles de vins plus ou moins souples – parfois atypiques – ou de longue garde, en harmonie parfaite avec une cuisine aux parfums de truffe…

# Gaillac

SUD-OUEST

Au cœur du vignoble qui s'étend sur les deux rives du Tarn (ci-dessus), Gaillac tient une position clé sur la rive droite, avec son ancienne abbatiale surplombant la rivière (page de droite).

En suivant le cours sinueux du Tarn et ses deux rives de coteaux et de côtes qui modulent un paysage d'une harmonie quasi méditerranéenne, il est difficile d'imaginer qu'il y ait eu un jour autre chose que des vignes ! Et, s'il en était besoin, la découverte d'un atelier d'amphores gallo-romaines actif dès le début de notre ère, à Montans tout près de Gaillac, en apporte confirmation. Le long de la rivière en aval d'Albi, villages et cités déclinent l'infinie variété des ocres roses des églises, des maisons, des fermes et des pigeonniers dans un décor où la vigne trace ses géométries impeccables en alternance avec les champs de céréales.

## Une tête de pont du Haut Pays

Sur la rive droite d'un méandre du Tarn, Gaillac occupe une position clé, cité et port en plein cœur de ce vignoble historique dont la Garonne et l'Atlantique constituent le débouché naturel – mais longtemps entravé par le « privilège » de Bordeaux, qui mettait en coupe réglée tous les vins du Haut Pays. Autant de conditions malgré tout favorables qui justifient l'installation et le rayonnement d'une abbaye bénédictine dont demeurent, en vigie au milieu du lacis des rues tortueuses de Gaillac, l'église Saint-Michel, d'origine romane mais surtout gothique, et des bâtiments abbatiaux aujourd'hui occupés par la Maison de la vigne et du vin. Plus haut dans le vieux quartier, l'église saint-Pierre, contemporaine de l'abbatiale et elle aussi majoritairement gothique, voisine avec l'hôtel de Brens des XIIIe et XVe siècles. De belle facture classique, du haut de ses terrasses et de son parc dessiné par Le Nôtre, le château de Foucaud domine la rive du Tarn avec élégance.

## Un terroir à visages multiples

De part et d'autre du Tarn autour de Gaillac, le vignoble – paysage, terroirs, cépages, vins – ne manque pas de visages. Les terrasses graveleuses de la rive gauche montrent des dispositions aux cépages rouges, notamment aux alentours du village de Cadalen ou de la bastide de Técou. De plus grande importance, la rive droite prend appui sur les villages du bord du Tarn : Gaillac bien sûr, Lisle-sur-Tarn en aval, bastide médiévale aux vieilles maisons en brique ou à colombage dans des ruelles enjambées de « pountets » et des rues à arcades, Rabastens, bourgade aux puissants remparts centrée sur son église Notre-Dame-du-Bourg, remarquable exemple du gothique méridional, et son impressionnant clocher fortifié.
En s'éloignant de cette rive droite, la vigne grimpe sur les Premières Côtes – réputées pour leurs blancs secs ou moelleux – et sur les coteaux situés le long de la Vère, qui se prolongent en bordure de la forêt de la Grésigne jusqu'à l'extraordinaire bastide médiévale de Puycelsi. La forêt de la Grésigne est une magnifique chênaie jadis protégée par un mur d'enceinte voulu par Colbert au XVIIe siècle et réservée à la marine royale.
La beauté rustique des Premières Côtes et le charme de ses villages sont assurément une

Tourelle surveillant le Tarn (ci-contre) ou pigeonnier au milieu des vignes (à droite), le pays de Gaillac recèle de nombreux trésors, modestes ou prestigieux, pleins de séduction.

des plus grandes séductions du pays gaillacois : Cahuzac-sur-Vère, Broze, Cestayrols et, plus au nord au bord de la Vère, l'admirable église romane fortifiée de Romanou en sont quelques-unes des étapes. Plus au nord encore, perché sur le puech de Mordagne dans un site exceptionnel au-dessus du Cérou, le village de Cordes fait figure de « Mont-Saint-Michel du Midi ». Aux confins de l'Albigeois, du Quercy et du Rouergue, ce joyau médiéval du XIII$^{e}$ siècle, inchangé, s'inscrit dans ses remparts successifs et concentriques, superbe ensemble de maisons et de somptueux hôtels gothiques serrés dans les ruelles étroites, fleuron absolu du pays des bastides albigeoises.

## La diversité gaillacoise

À travers ses différents terroirs, l'appellation Gaillac – sur une surface de 1 600 hectares, beaucoup plus restreinte que dans les siècles passés – a su garder nombre de ses cépages originaux. En blanc, le mauzac – dont proviennent généralement les meilleurs vins effervescents issus de la méthode « rurale » ou « gaillacoise » et les meilleurs moelleux –, le len-de-l'el et le très rare ondenc maintiennent la tradition aux côtés des bordelais sauvignon, sémillon et muscadelle. En rouge, le duras et le braucol (ou fer) donnent un caractère très affirmé à des vins où peuvent se mêler la syrah, voire le gamay et les cépages bordelais. Ce sont ces cépages locaux qui rendent les gaillacs irremplaçables et, à nouveau, après des périodes d'incertitude, si précieux aux yeux des amateurs.

# Irouléguy

SUD-OUEST

Belles maisons « nobles » au milieu des vignes en contrebas de la montagne (ci-dessus) ou charmantes maisons basques dans les vallons au pied des coteaux (page de droite) : le vignoble d'Irouléguy possède un charme encore trop méconnu.

En plein Pays basque, au pied du col d'Ibaneta derrière lequel se tapit le village de Roncesvalles – plus connu sous son nom français de Roncevaux –, les torrents façonnent un paysage singulier et pittoresque : Nive des Aldudes, qui traverse Saint-Étienne-de-Baïgorry, Nive de Béhérobie, Nive d'Arnéguy et Nive de Laurhibar, qui se réunissent en aval de Saint-Jean-Pied-de-Port pour former la Grande Nive et rejoindre l'Adour à Bayonne puis enfin l'Océan. La vallée de Baïgorry, le pays de Cize et le pays d'Ossès ont longtemps participé de la Navarre « ultrapuertos », « outre-monts » éloigné de la capitale Pampelune, avant de devenir la basse Navarre française annexée par Henri IV au début du XVIIe siècle. Le vignoble établi sur les pentes d'Irouléguy et d'Anhaux se trouvait dès lors coupé par une frontière de ses créateurs,
les moines de Roncevaux, attachés depuis le XIe siècle à fournir les foules de pèlerins en route pour Saint-Jacques-de-Compostelle.

## Un vignoble retrouvé

Dernier témoin – avec le chacoli (« txakoli ») du côté espagnol – de l'ancien grand vignoble basque, l'appellation Irouléguy, AOC depuis 1970, constituait jadis un véritable musée ampélographique de vieux cépages. Elle se limite aujourd'hui, sur environ 200 hectares, aux cabernets franc et sauvignon et au tannat pour les rouges et les rosés, au courbu et aux petit et gros mansengs pour les blancs, très minoritaires. Une nouvelle génération de vignerons lui redonne ses lettres de noblesse, avec des vins pleins et concentrés, d'un fruit intense, fermes et séduisants.

## Basque avant tout

Outre Irouléguy, Anhaux et Baïgorry, le vignoble s'étend aujourd'hui à Ascarat, Ispoure, Jaxu, Saint-Martin-d'Arrossa, Ossès et Bidarray. L'essentiel des vignes reste pourtant concentré sur les pentes raides du mont Jara, autour d'Irouléguy et de sa modeste chapelle romane qui rappelle l'ancien prieuré installé là par les moines de Roncevaux, toute blanche comme celle de Sorhoeta – à l'écart du village – et comme les façades des charmantes maisons basques.
Tout près à l'ouest, à l'entrée de la vallée des Aldudes, le bourg de Baïgorry avec ses multiples « quartiers » – Urdos ou Occos – aux belles maisons « nobles » médiévales remarquables par leurs linteaux sculptés, sous la surveillance du château d'Atchauz.
À quelques kilomètres à l'est, Saint-Jean-Pied-de-Port, petite cité de caractère avec ses remparts et sa citadelle, haut lieu de l'histoire de la Navarre. En aval, Ossès avec de superbes exemples de maisons rurales anciennes.
Terrasses et coteaux exposés plein sud ont reconquis là des vignes un temps oubliées, après des décennies d'un déclin entraîné par les maladies de la vigne et par l'exode rural.
Les parcelles bien ordonnées voisinent avec les pâturages voués aux moutons de race locale, les « manechs » à tête rousse ou à tête noire qui donnent le fromage de brebis « ardi gasna », produit d'exception seul capable de rivaliser avec la fameuse charcuterie des Aldudes à base de porc basque à tête noire. Deux spécialités, parmi d'autres, d'une gastronomie de caractère en affinité parfaite avec le vin d'Irouléguy.

# Madiran

SUD-OUEST

Rangs de vignes à l'assaut des coteaux du Vic Bilh (ci-dessus) ponctués de belles fermes gasconnes (page de droite) : le vignoble de Madiran est un des plus attachants du Sud-Ouest.

Le Vic Bilh – « vieux pays » en gascon – s'inscrit dans le large coude dessiné par l'Adour au carrefour des Pyrénées-Atlantiques, des Hautes-Pyrénées et du Gers. Les affluents du fleuve forment des vallées dont les flancs regardent vers l'ouest et vers l'est, ainsi que d'excellents petits coteaux tournés plein sud dans les gorges qui entaillent les versants. La vigne a toujours eu là une vieille complicité avec la terre : le vigneron du XI^e siècle sculpté dans la pierre d'un chapiteau du prieuré de Madiran en est le meilleur témoignage. Mais ce que les moines ont mis en œuvre tout au long du Moyen Âge a failli définitivement disparaître au début du XX^e siècle. Le vignoble actuel est le fruit de l'acharnement d'une poignée de vignerons, pionniers du renouveau de leur rouge solidement terrien – le madiran – dans les années de l'après-guerre, puis de leur suave et confidentiel blanc – le pacherenc du Vic Bilh.

### Un territoire, deux appellations

La même aire d'appellation permet la production en AOC Madiran – en rouge – et en AOC Pacherenc du Vic Bilh – en blanc. Le Madiran, de loin la plus importante des deux appellations avec ses 1 200 hectares, tire son originalité et son caractère du tannat, cépage local généreux en tanins de forte constitution, en assemblage variable avec les cabernets sauvignon et franc.
Le Pacherenc du Vic Bilh, dont les parcelles – environ 200 hectares – s'entremêlent avec celles du Madiran, peut être sec ou moelleux, voire liquoreux, selon les millésimes et selon les pourcentages respectifs d'arrufiac, de petit manseng – le plus apte à donner des vins riches et gras –, de gros manseng et de courbu.

### Entre Madiran et Pacherenc du Vic Bilh

Importante étape sur l'un des chemins menant à Saint-Jacques-de-Compostelle, Madiran est devenu la plaque tournante du vignoble bien avant de donner son nom au vin rouge. De ces temps prospères, le village a gardé son allure médiévale, avec son prieuré bénédictin. Les restes du monastère jouxtent l'église abbatiale, sobre architecture du XII^e siècle bâtie sur une superbe crypte en berceau.
Mais, par le jeu de la diversité de ses terroirs – coteaux exposés à l'est favorables aux cépages rouges, coteaux exposés à l'ouest propices aux cépages blancs –, le vignoble du Vic Bilh est éclaté en nombreux centres dispersés autour de Madiran. Les petites rivières qui courent parallèlement à l'Adour avant de le rejoindre en amont d'Aire-sur-Adour structurent le paysage : le Bergons baigne le pied de Madiran, le Saget passe à proximité de Maumusson-Laguian et dessine avec le Larcis les territoires de Viella, d'Aydie, d'Arrosès et de Crouseilles, tandis que le Lées, plus à l'ouest, borde les terres de Portet et de Diusse. Ainsi, dans un rayon qui ne dépasse guère une dizaine de kilomètres, villages et hameaux rythment les vallées, offrant ici la belle église romane en grès de Diusse, là le puissant château médiéval de Crouseilles, pas loin de la plus importante – historiquement et quantitativement – cave coopérative du pays, ou encore, à Soublecause, un superbe panorama sur le val d'Adour.

# Marcillac

SUD-OUEST

Architecture rouge sombre sur fond de vignes (ci-dessus), Marcillac s'inscrit dans le cadre superbe de la vallée de l'Ady (page de droite).

Rouge la terre, rouges les pierres, rouges les eaux après l'orage : le nom de « Rougier » donné au pays de Marcillac est inscrit dans le paysage ! Les grès colorés par les oxydes de fer caractérisent cette région du nord-ouest de l'Aveyron. Une région marquée dès le début du Moyen Âge par la civilisation du vin, dans l'aire de rayonnement de la toute proche abbaye bénédictine de Conques, chef-d'œuvre de l'architecture romane dans le site splendide de la vallée du Dourdou et haut lieu de rassemblement des pèlerins sur la route de Saint-Jacques-de-Compostelle. Le vallon de Marcillac, dit aussi parfois vallon de Rodez, a été par la suite, pendant de longs siècles, le vignoble de prédilection des riches propriétaires ruthénois : leurs belles demeures ou « maisons de vigne » le long de la vallée de Grand-Combe – tel le manoir de Curlande dans son style Renaissance – en témoignent. Jadis beaucoup plus important, le vignoble fournissait traditionnellement Rodez, bien sûr, mais aussi Decazeville et l'Auvergne.

### La patrie du mansois

Vignoble aux allures montagnardes avec ses coteaux abrupts, ses terrasses et ses « tavernals » – petites maisons de vigne –, l'appellation Marcillac, AOC depuis 1990, est presque entièrement vouée au rare cépage rouge fer servadou, plus couramment appelé ici mansois. Probablement introduit par les moines de Conques, il s'est progressivement imposé au milieu d'autres cépages, dont le menut, autrement dit le cabernet-sauvignon. Coloré, de bonne structure, de silhouette « rustique », il donne des vins aux arômes de fruits sauvages – framboise, mûre – et poivrés. La noblesse terrienne par excellence…

### Au cœur du vallon

Sis au confluent du Créneau, de l'Ady et du Cruou, protégé des vents froids des plateaux, Marcillac jouit d'un microclimat au printemps précoce qui sied aussi bien à la vigne qu'aux différentes variétés de chênes. Dans ce site de la vallée de l'Ady, dont le belvédère haut perché de Saint-Jean-le-Froid, au pied de sa chapelle romane, offre un magnifique panorama, Marcillac donne à ses rues la tonalité rouge de ses maisons à encorbellement – pour la plupart construites au-dessus d'une cave de vigneron –, de son église des XIVe et XVe siècles et de sa chapelle des Pénitents.

Plus haut sur l'Ady, le vieux bourg de Valady – maisons anciennes ici bâties en pierre blanche mais manoir médiéval et église gothique en grès rouge – constitue l'autre centre du vignoble, siège de la cave coopérative des Vignerons du Vallon, créée en 1962, qui est l'artisan principal de la renaissance de l'appellation. Aux alentours du village, la tradition viticole est bien représentée par de nombreux manoirs des XVIe et XVIIe siècles répartis au milieu des vignes. Plus en amont encore, Clairvaux, ceint des vestiges de ses fortifications, joue du contraste du rouge omniprésent avec l'ardoise gris-bleu des toitures que dominent l'église et son clocher en partie romans. Enfin, à la limite sud-ouest du Rougier de Marcillac, Goutrens est le symbole même, à travers les films de Georges Rouquier – *Farrebique* (1945) et *Biquefarre* (1984) –, de la vie rurale et de son irréversible évolution.

# Blaye

BORDELAIS

La puissante citadelle de Blaye, protégée de douves qu'enjambent de rares passages, constitue la pièce maîtresse des anciennes défenses de l'estuaire de la Gironde.

S'il est vrai que les grands fleuves ont fait historiquement les grands vignobles, Blaye jouit de conditions inégalables ! Sur la rive droite de la Gironde, juste après le point de confluence de la Dordogne et de la Garonne, là où l'estuaire s'élargit pour s'ouvrir majestueusement sur l'Océan, le village était destiné à être le « verrou de l'Aquitaine » en aval de Bordeaux et du bec d'Ambès. À la pointe nord-ouest du vaste ensemble libournais et en face du Médoc, sa vocation viticole ne pouvait que s'ajouter à de telles dispositions commerciales et militaires. Et ce n'est pas le moindre des charmes du pays blayais que de mêler la saveur rurale de son vignoble – collines et mamelons verdoyants parsemés de villages discrets – à la poésie marine des bords de Gironde, hérissés de cabanes de pêche sur pilotis et de « carrelets » tendus au bout de longues perches, face aux îles qui s'allongent mollement au fil de l'eau…

### Blaye et Premières Côtes de Blaye

Longtemps voué aux blancs sans qualité ou aux bordeaux rouges anonymes, le Blayais a entrepris de restaurer une réputation parmi les plus anciennes du Bordelais. Avec succès. Les AOC Premières Côtes de Blaye et Blaye s'offrent en rouges issus de merlot accompagné de cabernet-sauvignon, éventuellement complétés de cabernet franc et de malbec. L'AOC Premières Côtes de Blaye se propose en blancs à large dominante sauvignon, avec un peu de sémillon et de muscadelle. Le classicisme bordelais, donc, mais nuancé par la personnalité du terroir et rehaussé par une véritable volonté de renaissance.

### La citadelle des bordeaux

Le site de Blaye a toujours été privilégié, butte calcaire surélevée au-dessus de la Gironde à l'entrée du vallon du Saugeron, un de ces

vallons entaillant la corniche qui longe la rive droite du fleuve et dessine les côtes de Bourg et de Blaye. Castrum romain puis château médiéval – des vestiges gardent le souvenir de Jaufré Rudel, prince de Blaye, musicien et troubadour du XIIe siècle –, le promontoire devient au XVIIe siècle, sur ordre de Louis XIV, une grande et puissante citadelle. Vauban est le maître d'œuvre final de cette ville dans la ville, gardienne de l'estuaire avec le fort de l'île Pâté et, sur l'autre rive, le fort Médoc. Demeures et bâtiments – maison du Commandant d'armes devenue musée du Pays blayais, couvent des Minimes, poudrière – sont enserrés dans un large mur d'enceinte entouré de douves, percé de deux portes, la porte Royale et la porte Dauphine, scandé de bastions et de tours – tour des Rondes, tour de l'Aiguillette – et précédé de glacis dont l'un porte le petit clos de vigne de l'Échaugette.

Au pied de la citadelle, la ville basse blottit ses rues étroites et ses maisons anciennes, et le vignoble prend possession de l'arrière-pays tout en pentes douces où les villages inscrivent leurs pages d'histoire, villas gallo-romaines de Plassac, églises romanes de Cars, de Saint-Martin-Lacaussade ou de Cartelègue, maisons fortes comme le château Boisset à Berson.

Port remarquablement situé en aval de Bordeaux et capitale d'un vignoble de vieille tradition, Blaye ne manque pas d'atouts.

# Fronsac

BORDELAIS

Petite bourgade en bord de Dordogne au pied de coteaux admirablement exposés, Fronsac offre un des plus beaux sites du Bordelais.

Haut lieu : désigné dans la douceur du paysage par son tertre admirablement situé à la pointe que forme l'Isle en se jetant dans la Dordogne juste après Libourne, Fronsac est un haut lieu au sens plein du mot. D'autant que, dans la plaine alluviale où le fleuve ne progresse qu'en grandes boucles sinueuses, semblable butte se distingue singulièrement. Et attire les convoitises militaires et commerciales… L'histoire en témoigne depuis Charlemagne installant une forteresse sur le tertre de Fronsac bien avant que Libourne ou Saint-Émilion gagnent en importance, et jusqu'au cardinal de Richelieu puis à son petit-neveu, duc de Fronsac et de Richelieu, qui, du haut de sa « folie » bâtie à la mode italianisante d'alors, a véritablement « lancé » au XVIIIe siècle le vin de Fronsac. Il est vrai que c'est l'époque où les gros propriétaires de Libourne inaugurent dans le Fronsadais une qualité de vin qui va bientôt s'étendre à tout le Libournais.

## Deux appellations jumelles

L'AOC Canon-Fronsac, avec ses 308 hectares autour de Fronsac et Saint-Michel-de-Fronsac, et l'AOC Fronsac, forte de 840 hectares qui s'étendent vers le nord et l'ouest sur Saint-Aignan, Saillans, Galgon, La Rivière et Saint-Germain-la-Rivière, forment l'entité fronsadaise. Le merlot règne ici en maître, complété de cabernet franc, de cabernet-sauvignon et d'un peu de malbec. Prolongeant vers l'ouest, au-delà de l'Isle, les vignobles de Saint-Émilion et de Pomerol, le Fronsac et le Canon-Fronsac reconquièrent aujourd'hui leur personnalité propre : fruités, denses et pleins, avec une structure ferme – parfois « rustique » – qui leur autorise une bonne garde et un caractère de terroir qui contribue à leur charme discret.

## Un paysage au charme « souriant »

Paysage de côtes, de combes, de vallons et de plates-formes précédés de basses terres et de talus en bordure du fleuve, campagne aux

formes douces semées de bouquets d'arbres et de bois, le pays de Fronsac est sans conteste un des plus séduisants de tout le Bordelais. Autour de sa modeste église romane, le village – au pied de son tertre aujourd'hui couronné par une demeure second Empire et son parc, et en arrière du petit port depuis longtemps obsolète – respire le charme tranquille d'une bourgade dont l'activité essentielle réside dans les châteaux et domaines de ses environs. Les belles côtes qui sinuent face à la Dordogne, célèbres pour leurs pentes de molasses dites « du Fronsadais », plus ou moins sableuses ou argileuses, et le plateau calcaire érodé qui s'étend à son sommet constituent le premier terroir des fronsacs, historiquement et qualitativement. Un terroir qui commence au nord-ouest de Fronsac pour se prolonger vers l'ouest sur la commune de Saint-Michel-de-Fronsac, en passant par le fameux tertre de Canon où nombre de châteaux revendiquent son nom. Son caractère exceptionnel lui vaut une AOC Canon-Fronsac qui le distingue de l'AOC Fronsac. Il se poursuit vers le village de La Rivière, où le superbe château – souvent remanié depuis les XII<sup>e</sup>-XIII<sup>e</sup> siècles – s'inscrit majestueusement dans un vaste amphithéâtre couronné de bois, entre vignes du plateau et vignes du coteau.

Côtes et vallons dessinent un charmant paysage et composent un des meilleurs terroirs viticoles du Libournais.

# Margaux

BORDELAIS

Une église au milieu des vignes pour bien marquer la vocation exclusive d'un village célèbre pour ses châteaux viticoles, tel le prestigieux château Margaux (page de droite).

« Le Médoc, c'est le Versailles du vin », selon l'expression de Hugh Johnson, grand maître de la littérature œnophile. Et l'appellation Margaux passe pour être « le Versailles du Médoc ! » Nous voici donc d'emblée placés au cœur du classicisme absolu, fait de mesure, d'équilibre, d'élégance retenue et savante, qui bien souvent définit le « bon goût » français… De fait, c'est dans la seconde moitié du XVII^e^ et au XVIII^e^ siècle que le Médoc en général et Margaux en particulier s'installent au sommet de la hiérarchie des vins. Et c'est en plein retour néoclassique qu'est construit au XIX^e^ siècle le château Margaux, au cœur du prestigieux domaine et de son appellation communale.

### Château Margaux

Margaux n'est pas le seul village de l'AOC Margaux, qui compte également Cantenac ainsi que Arsac, Labarde et Soussans. Mais le Château Margaux en est indiscutablement le plus célèbre domaine ! Premier cru classé, il précède dans l'AOC vingt autres domaines classés deuxième, troisième, quatrième ou cinquième crus. Comme eux, il est majoritairement planté de cabernet-sauvignon, avec du merlot et un peu de cabernet franc et de petit verdot, sur des graviers de taille moyenne mais très abondants.
Au bout d'une grande allée de platanes, le château est l'œuvre, au début du XIXe siècle, d'Émile Combes, disciple du fameux Victor Louis. Le style a la sobriété austère du néo-classicisme d'inspiration palladienne, avec un escalier d'accès surmonté d'un péristyle à quatre colonnes ioniques. Du même architecte, un vaste chai rythmé par dix-huit colonnes, une orangerie, un pavillon pour l'intendant, une « cour des artisans » avec ses ateliers dont la tonnellerie propre du domaine, et la « rue du village », bordée d'une trentaine de maisons destinées au personnel.

### Un vignoble aristocratique

L'Histoire, en faisant du Médoc – jusque-là partagé entre cultures céréalières et marécages – un grand vignoble conquis au prix de très coûteux aménagements, a décidé d'une viticulture de vastes domaines aux mains de riches possédants issus de la noblesse ou de la grande bourgeoisie bordelaises, voire de l'Église : il en est ainsi, dès la fin du XVIe siècle, de la seigneurie de La Mothe Margaux – futur domaine du château Margaux – ou, tout proche, du prieuré de Cantenac – futur château Prieuré-Lichine –, qui anticipent sur la « fureur de planter » du XVIIIe siècle.
Margaux est exemplaire de la viticulture médocaine. À l'approche du village en venant de Bordeaux, le paysage s'élargit. La vigne est omniprésente sur le plateau de graviers à peine marqué par des croupes douces que soulignent les ondulations des « règes » impeccables. Mais le village – modeste et campagnard – n'est pas un centre véritable, il s'organise plutôt en quartiers ruraux autour de châteaux importants : château Margaux bien sûr, châteaux Malescot-Saint-Exupéry, Durfort-Vivens, Rausan-Ségla et Rauzan-Gassies, Palmer au hameau d'Issan, Lascombes, Labégorce… L'église elle-même a été édifiée au XVIIIe siècle au milieu des vignes, plus proche du château Margaux que du village ! Tout un symbole.

# Saint-Émilion

BORDELAIS

En plein cœur de la vieille cité, la place de l'église Monolithe est un lieu privilégié de la vie de Saint-Émilion.

Haut lieu du Bordelais et plus précisément du Libournais, qui couvre une large contrée sur la rive droite de la Garonne, Saint-Émilion occupe un site privilégié au-dessus de la Dordogne. En face des terres plus aristocratiques des Graves et du Médoc, solidement établie sur sa butte calcaire et ancrée dans sa tradition terrienne, la ville surveille le vaste vignoble qui l'entoure de toutes parts. Il n'est pas de meilleur point de vue que celui qui s'offre au regard du haut de la tour du Roy, dernier vestige d'un château du XIIIe siècle : c'est d'ailleurs le lieu traditionnel de la proclamation solennelle du ban des vendanges par la Jurade de Saint-Émilion, confrérie créée en 1199, jadis toute-puissante et aujourd'hui plus folklorique. De là toute la ville se découvre, et au-delà la campagne avec ses vignes et ses châteaux aux noms prestigieux.

## Une ville classée « patrimoine mondial de l'Humanité »

L'inscription de Saint-Émilion au patrimoine mondial par l'Unesco dit assez la richesse historique et culturelle des trésors de ce joyau médiéval. À commencer par l'extraordinaire église Monolithe taillée profondément aux XIe et XIIe siècles dans le calcaire si caractéristique du sous-sol saint-émilionnais, riche en galeries qui ont fourni le matériau de construction de la ville avant de devenir caves idéales pour l'élevage et

la garde des vins. C'est la plus importante église du genre en France, imposante avec ses trois nefs souterraines de vastes proportions, son tympan roman et le haut clocher qui la surmonte. À peu près contemporaine, la Collégiale a probablement été édifiée avec la pierre extraite de la Monolithe… Puis, au fil des rues pentues et sinueuses, les témoignages abondent d'une prospérité bien protégée par des fortifications aux nombreuses portes. Et, à

Entre le plateau et la Côte, Saint-Émilion domine une campagne exclusivement vouée à la vigne.

Avec ses bâtisses en pierre calcaire blonde qui s'étagent au fil des rues pentues, Saint-Émilion garde l'aspect cossu d'un gros bourg aquitain.

## Diversité des terroirs, diversité des vins

La complexité du terroir, réparti sur 5 400 hectares, engendre des types de vins très divers. Mais l'unité de l'appellation repose sur la présence du calcaire, qui marque tout à la fois le terroir et le paysage. Autre facteur d'unité, l'encépagement constitué principalement par le merlot accompagné de cabernet franc – dit ici bouchet – et complété de cabernet-sauvignon ainsi que de malbec (aujourd'hui beaucoup plus rare).
Ces cépages varient en proportions selon le terroir et l'exposition de chaque domaine.
Les sols, pour simplifier, se regroupent en trois ensembles principaux :

- le plateau calcaire, qui se prolonge vers l'ouest par une zone de graves et de sables anciens ;
- la Côte et le pied de côte, deux parties du territoire de Saint-Émilion qui donnent les meilleurs crus ;
- la plaine de sables et d'alluvions, qui donne des vins moins denses que ceux du plateau ou de la Côte.

À la large gamme des saint-émilions nés de ces sols correspond une hiérarchie des crus qui couronnent la production de l'appellation : les Grands Crus, les Grands Crus Classés, les Premiers Grands Crus Classés B (Angélus, Beauséjour-Bécot, Beauséjour, Belair, Canon, Figeac, La Gaffelière, Magdelaine, Pavie, Trottevieille, Clos Fourtet) et, au sommet, les Premiers Grands Crus Classés A, au nombre de deux, Ausone et Cheval Blanc.
Généreux, assez corsés, marqués d'arômes profonds, mariant la finesse et la puissance pour les meilleurs crus, parfois assez fermes mais de belle rondeur et veloutés grâce au merlot, les saint-émilions ont une séduction plus affirmée que les vins de la rive gauche de la Garonne et de la Gironde.

l'extérieur, des vestiges attestent du rôle prépondérant des ordres religieux, telles ces « Grandes Murailles », dernier – mais célèbre – pan de mur de l'ancien couvent des Jacobins, nom local des Dominicains.

## Le prestige des châteaux

La prospérité de Saint-Émilion, c'est bien sûr ses vins. Le vignoble enserre la ville, les premiers rangs de vigne commencent dès les portes

franchies. Au sud, les châteaux se succèdent sur la Côte et le rebord du plateau au-dessus de la plaine de la Dordogne : château Pavie, château Ausone, château Belair, château La Gaffelière, château Magdelaine. Vers l'ouest, ils occupent le plateau – château Canon, Clos Fourtet – jusqu'à la limite nord-ouest qui jouxte le territoire de Pomerol avec les illustres châteaux Figeac et Cheval Blanc. On est là sur les grands terroirs de Saint-Émilion, avec les vins les plus réputés de l'appellation, depuis longtemps reconnus certes mais arrivés en pleine gloire tardivement, au cours du XIXe siècle. Au nord, à l'est et au sud, les vignes s'étendent largement, sur des terroirs et des domaines moins prestigieux. Mais tous font du nom de leur cité une appellation mondialement connue, aujourd'hui dotée d'une identité originale et affirmée au sein de la grande famille des vins de Bordeaux.

Dans les profondeurs du sous-sol calcaire, les galeries aux puissants piliers sont devenues des caves idéales pour le vin de Saint-Émilion.

# Saint-Macaire

BORDELAIS

Remarquable position stratégique que celle de Saint-Macaire ! Accrochée sur la butte calcaire qui marque, en face de Langon, l'entrée sud du vignoble bordelais entre Premières Côtes de Bordeaux et Entre-deux-Mers d'une part, Graves d'autre part, la petite cité a longtemps été un port clé sur la rive droite de la Garonne, avant que le fleuve ne modifie son cours et que les quais ne se retrouvent à plusieurs centaines de mètres à l'intérieur des terres. C'était là que, au temps du « privilège » de Bordeaux, les vins du Haut Pays – surtout ceux de Cahors et ceux de Gaillac venus par le Lot et par le Tarn – attendaient le droit d'accéder dans le grand port girondin pour y être enfin commercialisés… La priorité allait d'abord aux vins bordelais produits sur la rive droite à Saint-Macaire, bien sûr, mais aussi à Sainte-Croix-du-Mont, à Loupiac, à Cadillac et dans l'Entre-deux-Mers, et à ceux de la rive opposée, les Graves et les Sauternes.

Vieilles maisons serrées sur la rive de la Garonne entre l'église Saint-Sauveur et le beffroi : l'ancien port de Saint-Macaire est aujourd'hui la charmante « capitale » d'une discrète petite appellation.

## La porte sud du Bordelais

Saint-Macaire, pour tenir un tel rang, était fortifié. Et ces fortifications dessinent toujours le plan semi-circulaire du vieux village, enserrant maisons anciennes et rues étroites autour de l'imposante église Saint-Sauveur édifiée aux XIIe et XIVe siècles, du cloître roman dont il reste un corps de bâtiment, et du prieuré bénédictin qui a pris la place de l'ermitage de saint Macaire, évangélisateur de la contrée et protecteur de la commune.

### Une spécialité de blancs doux

La singularité de Saint-Macaire – outre de simples bordeaux rouges ou blancs secs – c'est de produire une petite quantité de blancs moelleux ou liquoreux ayant droit à l'AOC Côtes de Bordeaux Saint-Macaire. Comme les autres vins doux voisins, sur les deux rives de la Garonne, ils sont issus principalement du sémillon, complété de sauvignon et de muscadelle dont ils tirent des nuances florales et miellées caractéristiques, bien loin d'une certaine banalité qui les a naguère desservis. Des vins de belle suavité, encore trop méconnus.

Outre la porte de Turon et la porte Rendesse, l'entrée principale dans le village se fait par la porte de Benauge, ancien beffroi des XIIIe et XIVe siècles doté d'une horloge. Au cœur du vieux quartier, la place du Mercadiou – « Marché Dieu » –, vaste espace entouré de maisons et de logis gothiques à arcades

larges et puissantes, donne l'image d'une petite ville active et commerçante, parmi les plus typiques du Bordelais.
La campagne des Côtes de Bordeaux, modelée par le doux relief de cette bordure sud-est du vignoble qui s'étend entre la Garonne et la Dordogne, n'est que vignes, parsemées de charmants villages comme Saint-Maixant, auquel se rattache la célèbre demeure de Malagar chère à l'écrivain François Mauriac, ou comme Saint-André-du-Bois avec, à l'écart, le château de Malromé où Toulouse-Lautrec résida avant de mourir et d'être enterré à quelques lieues de là, à Verdelais.

# Sauternes

BORDELAIS

Domaine emblématique de Sauternes, le château d'Yquem est une des plus grandes figures mythiques du patrimoine vinicole mondial.

Dans la pointe que forment le Ciron et la Garonne avant de confluer, Sauternes, sis sagement dans le vallonnement d'un ruisseau, est devenu synonyme de « plus grand vin liquoreux du monde ». Sans aucun doute, c'est le génie particulier des deux cours d'eau à envelopper le vignoble, les nuits d'automne précédant les vendanges, d'un brouillard humide peu à peu dissipé par le soleil de la journée qui crée les conditions exceptionnelles requises par la fameuse « pourriture noble » propre aux grands blancs liquoreux.

## La quintessence de la « pourriture noble »

Les villages qui constituent l'AOC Sauternes (les vins de Barsac ont le droit d'opter pour une appellation particulière, l'AOC Barsac) ont en commun des sols de graves plus ou moins argilo-calcaires et un encépagement largement dominé par le sémillon complété par le sauvignon et la muscadelle dans des proportions variables. Ces cépages – surtout le sémillon – sont sensibles, dans le mésoclimat spécifique de la contrée et dans les années favorables, au champignon *Botrytis cinerea*, responsable sur des grappes saines d'une pourriture dite « noble » qui donne, au terme de vendanges par « tries » en plusieurs passages, des raisins très concentrés en sucres et en glycérol. Le vin, en quantité très réduite, est alors liquoreux et gras, riche et onctueux, de grande complexité aromatique.

## La capitale des vins liquoreux

L'art des vins liquoreux n'a vraiment été maîtrisé sur les rives de la Garonne qu'à partir du XVII^e^ siècle – à l'époque même de l'ascension triomphante des Graves voisins –, lorsque la bourgeoisie bordelaise s'est installé dans les « maisons nobles » du Sauternais. Sauternes reste un modeste village groupé autour de son église, qui n'a gardé de son origine romane qu'un chœur accolé aux parties des XVII^e^ et XIX^e^ siècles. Mais sa véritable richesse est dans ces châteaux

parfois fortifiés inscrits au cœur des douces ondulations du paysage viticole, et dont les noms sont sur les lèvres de tous les amateurs du monde œnophile. À commencer par le château d'Yquem, unique domaine classé Premier Cru Supérieur, robuste construction du XVIe siècle avec des tours du XVe, propriété de la famille de Lur-Saluces depuis le XVIIIe siècle. Dès l'aube de l'histoire des grands vins doux, il s'est imposé comme le modèle de la perfection sauternaise. Ensuite, le château Guiraud (Premier Cru Classé), sobre bâtisse du XVIIIe siècle, le château Filhot (Second Cru Classé), aristocratique architecture des XVIIIe et XIXe siècles, le château Lamothe (Second Cru Classé), du XVIe siècle, admirablement situé sur une motte, le château d'Arche (Second Cru Classé), lui aussi sur une hauteur, pour ne citer que les principaux... Sans oublier les nombreux châteaux répartis, en appellation Sauternes, sur les communes avoisinantes, Bommes, Fargues, Preignac et Barsac.

Au milieu d'un vignoble parsemé de châteaux prestigieux, Sauternes garde l'aspect rural d'un modeste village.

# Ancenis

VALLÉE DE LA LOIRE

Le long des quais en bord de Loire (ci-dessus), Ancenis n'a certes plus le rôle important qui était jadis le sien. Mais son vignoble, sur les coteaux qui regardent le fleuve (page de droite), assure la transition entre l'Anjou et le Pays nantais.

Dernière étape de son long voyage, la Loire passe d'Anjou en pays breton pour aller rejoindre l'Océan après la traversée du Pays nantais. Ce sont les dispositions naturelles des sites qui décident des escales, Ingrandes et Ancenis sur la rive droite du fleuve, Saint-Florent-le-Vieil et Champtoceaux sur la rive gauche. La suite ininterrompue des îles qui s'étirent au fil du courant – souvent abandonnées aux seuls peupliers – ajoute au charme de la vallée. Île Batailleuse, île Mocquart, île Kerguelin, Île aux Moines, île Coton, leurs noms n'en finissent pas de chanter le pays de Joachim du Bellay, né à Liré – son cher « petit Liré » –, au château de la Turmelière, sur la rive gauche en face d'Ancenis.

### Entre traditions angevine et nantaise

Dans cette partie est de la patrie du blanc sec de muscadet, l'appellation Muscadet Coteaux de la Loire se différencie, notamment, du Muscadet Sèvre-et-Maine par des vins de plus forte constitution, plus nerveux et moins « primeurs ». Par ailleurs, à côté du VDQS Gros Plant typiquement nantais, la tradition angevine reste encore sensible dans l'usage des cépages qui font les Coteaux d'Ancenis : gamay et cabernets franc et sauvignon pour les rouges, pinot gris – spécialité locale ici appelée malvoisie – et chenin pour les blancs.

### En vigie sur la Loire

C'est par son site et sa butte idéale pour un château chargé de surveiller le fleuve et l'extrémité orientale de la Bretagne qu'Ancenis s'est distinguée dès le début du Moyen Âge. Il n'en reste que le logis Renaissance, les deux tours de l'entrée du XVe siècle et un bel exemple de pont-levis couvert, ainsi qu'une partie de la puissante enceinte. En bord de Loire, les quais – longtemps fréquentés par les bateaux chargés de tonneaux de vin – et le pont symbolisent les passages est-ouest et sud-nord dont le village a fait sa prospérité. Pittoresques maisons médiévales, celliers et hôtels de négociants du XVIIIe siècle dotés de beaux portails ouvrant sur des cours intérieures, dans le quartier de la rue des Tonneliers, témoignent de cette activité prospère. Plus haut, l'église Saint-Pierre-et-Paul dresse son curieux clocher-porte des XVe et XVIe siècles. C'est dans le vignoble d'Ancenis que la Loire, devenue « atlantique », se fait bretonne : à peine terminée l'appellation Anjou Coteaux de la Loire que commence le règne du cépage melon de l'appellation Muscadet Coteaux de la Loire. Mais les vins des Coteaux d'Ancenis, appellation d'origine VDQS, prolongent encore les cépages angevins. Les vignes aiment le doux vallonnement des rives du fleuve : elles entourent, en bordure ouest d'Ancenis, le village de Saint-Géréon et son coteau de Pierre-Meslière dominé par un rocher à pic, longent Oudon et son donjon polygonal du XVIe siècle, musardent sur la rive sud aux alentours de Liré, et, revenant sur la rive nord au Cellier, elles contrastent avec les étranges et fabuleux jardins XIXe siècle des Folies-Siffait, note d'extravagance dans un pays de sérénité champêtre.

# Azay-le-Rideau

## VALLÉE DE LA LOIRE

« Serti par l'Indre », disait Balzac en parlant du château d'Azay-le-Rideau, qui semble posé sur un miroir d'eau avec grâce et sérénité. Sur la rive droite de la rivière, le bourg vit au rythme du château et de son succès touristique. Et tout autour, autre fleuron local, le vignoble s'étend en direction de la Loire, le long des routes qui mènent à Vallères et à Lignières-de-Touraine, en direction d'autres châteaux célèbres du Val de Loire, Villandry et Langeais. Sur la rive gauche, les vignes longent la rivière jusqu'à Cheillé et Rivarennes en direction d'Ussé et de son château, et en amont, jusqu'à Saché, si cher au romancier du *Lys dans la vallée.*

Charmant village en bordure de l'Indre, Azay-le-Rideau incarne l'esprit et l'élégance caractéristiques du Val de Loire.

### La grâce ligérienne

Le château d'Azay-le-Rideau est à l'image de cette contrée douce et lumineuse, longtemps choyée par les rois et les princes, particulièrement au début du XVIe siècle. C'est à cette époque que Gilles Berthelot, trésorier de François Ier, remplace les ruines d'un ancien château, situé à la pointe d'une île de l'Indre, par une construction d'un style nouveau, sensible aux influences italiennes. Il en fait une

### Une petite appellation originale

Le vin de Touraine est une spécialité reconnue de la région d'Azay-le-Rideau. Mais seule une petite partie – environ 60 hectares – a droit à l'appellation spécifique Touraine-Azay-le-Rideau : ce sont, issus de sols calcaires plus ou moins argileux ou siliceux, des vins blancs uniquement de cépage chenin comme à Vouvray ou à Montlouis, et des rosés principalement faits de grolleau (ou groslot), cépage qui serait venu de Cinq-Mars-la-Pile, un village de la rive nord de la Loire. Les vins rouges (gamay, cabernet franc, côt) entrent simplement dans la large appellation Touraine. Les blancs, vifs et nuancés de fleur d'acacia et d'églantine, finement minéraux, évoluent bien, en prenant des arômes de miel et de coing. Les rosés, pâles et frais, mêlent les notes fruitées (cerise, framboise, poire) et florales (rose, lilas) avec une touche poivrée.

demeure de plaisance élégante, aux proportions harmonieuses, un chef-d'œuvre de la première Renaissance dont la séduction ne se dément pas depuis des siècles. Bâti en L, le château offre sa façade sud au reflet des eaux calmes, et détache sa pierre blanche et ses toits d'ardoise bleutée sur le ciel de Touraine.
Le charme du château est celui de la contrée, paisible, baignée de douceur de vivre dans un paysage dessiné par la grande coulée de verdure de la vallée, les ondulations des vignes, les lointains boisés, les moulins au fil de l'eau. Cette douceur de vivre a sans doute inspiré les premiers vignerons des deux rives tranquilles de l'Indre, un des tout premiers berceaux de la viticulture tourangelle.
On peut les imaginer vivant et travaillant dans des fermes troglodytiques comme celles, étonnantes, des Goupillières, à 3 kilomètres d'Azay... Depuis, ce terroir privilégié s'est toujours distingué par la délicatesse de ses vins, notamment de ses blancs et de ses rosés.

Chef-d'œuvre de la Renaissance, merveille d'harmonie et d'équilibre, le château d'Azay-le-Rideau est un des fleurons les plus célèbres de la « vallée des Rois ».

# Bourgueil

VALLÉE DE LA LOIRE

Dressés sur la crête des coteaux, les moulins à vent, tel le « moulin bleu » de Bourgueil, sont une des images familières du Val de Loire.

Tout dans le Val de Loire est invitation au voyage : beauté des sites naturels et lumière ligérienne, rendez-vous avec l'histoire et l'art, vignoble où se déclinent les nuances des terroirs. Jamais peut-être tous ces aspects ne sont aussi intimement mêlés que sur les rives du fleuve « royal ».

## Vins de « graviers », vins de « tuffeau »

Les 1 500 hectares de l'appellation Bourgueil – auxquels peuvent s'ajouter les 920 hectares de l'appellation sœur Saint-Nicolas-de-Bourgueil – ne connaissent que le cabernet franc, pour l'essentiel vinifié en rouge, à côté de quelques rosés originaux. C'est le terroir qui donne le style des vins : souples et fruités sur les graviers des terrasses parallèles à la rive de la Loire, ils sont plus charpentés et plus tanniques sur le tuffeau calcaire du milieu de pente du coteau exposé au midi. Caractérisés par des arômes de fruits rouges (framboise, cassis), ils acquièrent avec quelques années de garde, pour les plus corsés, des nuances réglissées plus complexes.

## Un village de tuffeau

En aval de Tours, passé l'austère château féodal qui garde à Langeais la route de la rive droite de la Loire, le pays de Bourgueil s'ouvre largement entre les sables des bords du fleuve et la frange boisée de la crête des coteaux. Villages et hameaux se succèdent, tous vignerons, bâtis dans le calcaire blanc crème et tendre – dit tuffeau – qui provient du précieux sous-sol. Ainsi, tandis que s'édifiaient logis et églises, se creusaient les si nombreuses caves du pays, étonnantes et parfois gigantesques comme celle de la « Dive Bouteille », taillée au flanc du coteau de Bourgueil,

aujourd'hui aménagée en musée de la Cave et du Vin. Cette « dive bouteille » rappelle que Rabelais, tourangeau par excellence, né chinonais, avait des attaches à Bourgueil : ses parents y possédaient une métairie, et il s'en est souvenu au début de son *Quart Livre*… L'abbaye bénédictine, fondée au Xᵉ siècle mais transformée au fil des siècles, longtemps au cœur de la vie de Bourgueil et de son activité viticole, ainsi que l'église Saint-Germain, qui garde des parties d'origine romane de pur style angevin, sont de ce tuffeau caractéristique. Mais aussi de nombreuses bâtisses du XVᵉ siècle, telle la maison familiale du comédien Jean Carmet devenue Maison des vins. Le bourg si charmant, aux petites rues qui invitent à la flânerie, ne doit cependant pas faire oublier tous ces domaines qui, bâtiments typiques le long des chemins qui sillonnent le doux paysage du vignoble, font vivre le cabernet franc, le grand cépage rouge tourangeau sans doute venu d'Aquitaine par la Bretagne et appelé communément « breton ». Un cépage qui affectionne le climat doux du Val de Loire, aussi bien sur les « graviers » de la vallée que sur le « tuffeau » des coteaux.

Ponctués de vergers et de petits bois, les coteaux et bas de coteaux sont consacrés au cabernet franc propre aux vins d'appellation Bourgueil.

# Cheverny

## VALLÉE DE LA LOIRE

L'architecture sobre et symétrique, typiquement classique, du château de Cheverny (ci-dessus) contraste avec les maisons rurales du vignoble de la Touraine solognote (page de droite).

Entre Loire et Cher, au sud de Blois et de Chambord, la Touraine et la Sologne s'entremêlent, hésitant entre forêts, bois de chasse, landes, cultures maraîchères, vergers et vignes. Au cœur du Blésois, Cheverny, avec son château et ses traditions toujours vivantes de chasse à courre, mais aussi avec son vignoble et sa belle palette de vins tourangeaux, est l'image même d'un pays au charme souvent mélancolique, « molle et sensuelle contrée » selon le mot de Michelet.

### Un vignoble, deux appellations

Le vignoble qui s'étend au sud de la Loire à la hauteur de Blois s'adonne aux cépages aujourd'hui typiques de la Touraine. Créée en 1993, l'AOC Cheverny concerne, sur vingt-quatre communes environnantes, des vins d'assemblage : sauvignon avec la touche d'élégance du chardonnay pour les blancs, gamay et pinot noir corsés par l'apport du cabernet franc et du côt pour les rouges (et les rosés, qui peuvent s'adjoindre du pineau d'Aunis).
Plus originale – puisque unique dans son genre –, l'AOC Cour-Cheverny est limitée à onze communes de la même aire géographique et réservée au seul et rare romorantin, cépage blanc peut-être de vieille origine bourguignonne implanté dans cette unique contrée, de caractère affirmé et évoluant de façon intéressante vers des nuances d'acacia, de miel et de cire.

### Un château emblématique

En bordure du village, le château de Cheverny se dresse dans sa rigueur sobre et classique, pur exemple de l'architecture du début du XVII^e siècle. Parfaitement symétrique avec son étroite partie centrale encadrée de deux ailes plus basses cantonnées de deux gros pavillons carrés coiffés d'un dôme et d'un campanile ajouré, le long bâtiment joue de l'harmonie élégante de la pierre blanche venue de Bourré – dans la proche vallée du Cher – et de l'ardoise gris bleuté. Le bossage continu de la façade principale accentue la calme horizontalité de la construction et fait contraste avec le rythme des toits et des cheminées. L'intérieur, plus riche et plus chaleureux, séduit par la somptuosité de l'ameublement et de la décoration de la salle à manger, du grand salon, de la chambre du roi ou encore de la salle d'armes, tandis que les communs impressionnent avec la salle des trophées, riche de deux mille bois de cerfs, et plus encore peut-être avec le grand chenil et sa meute assourdissante…

### Deux villages jumeaux

Noblesse oblige, on en oublierait presque le village de Cheverny et le bourg attenant de Cour-Cheverny, plus important… Discrets, chacun centré sur son église romane au charme plus rural, ils sont unis dans un seul et même vignoble dont ils se partagent les deux appellations étroitement imbriquées. Un vignoble qui suit le Beuvron, longeant Cellettes et l'élégant château Renaissance de Beauregard avant de rejoindre la Loire vers Candé-sur-Beuvron, ou qui descend vers la puissante forteresse médiévale de Fougères-sur-Bièvre en passant par le si délicieux manoir de Troussay. Route des châteaux, chemins des vignes, parcours unique.

# Chinon

## VALLÉE DE LA LOIRE

« Petite ville, grand renom ! » proclamait Rabelais, natif de la toute proche Devinière, métairie voisine de l'abbaye de Seuilly et du château de La Roche-Clermault, à quelques kilomètres au sud-ouest de Chinon. Enfant du pays, il y a situé le théâtre des *Guerres picrocholines*, et il s'est inspiré des Caves Painctes creusées dans le rocher de Chinon pour son temple de la Dive Bouteille… Admirablement établie sur la rive droite de la Vienne juste en amont de Candes-Saint-Martin et de la confluence avec la Loire, à la frontière de la Touraine et de l'Anjou, Chinon occupe une position exceptionnelle de carrefour. La longue histoire de la ville, sa richesse architecturale et la réputation séculaire de ses vins en sont le témoignage.

Avec les ruines imposantes du château féodal qui domine le bord de la Vienne, Chinon rappelle son importance historique au temps des rois.

### Une cité médiévale

Les rendez-vous avec l'Histoire ont rythmé la vie de Chinon, et les temps forts sont royaux : Henri II Plantagenêt, comte d'Anjou devenu en 1154 roi d'Angleterre, et plus tard le Dauphin de France, futur Charles VII couronné en 1429 grâce à Jeanne d'Arc, ont élu Chinon comme résidence privilégiée.

### Le royaume du cabernet franc

Le vignoble entoure Chinon de toutes parts sur environ 2 000 hectares, avec des terroirs de natures très différentes. Au plus près des cours d'eau, les terrasses graveleuses et sableuses donnent des vins légers et fruités, délicieux dès les « Pâques » faites. Sur les coteaux et les plateaux argilo-calcaires et argilo-siliceux, le vin reste aromatique mais se fait plus ferme, avec des tanins souples mais demandant à se fondre. Bien des vignerons – comme à Cravant-les-Coteaux – possèdent plusieurs types de terroirs et les assemblent en une cuvée unique où s'harmonisent toutes les nuances.

Le grand cépage des vins rouges de Chinon est, comme dans tout le Val de Loire, le cabernet franc. Surnommé localement « breton », il n'a pourtant rien d'armoricain : originaire d'Aquitaine, il est tout simplement arrivé par le port de Nantes avant de pénétrer dans les Pays de Loire. Sa palette aromatique se compose de fleurs (iris, pivoine, violette…) et de fruits (framboise, fraise, groseille…). Les vins les plus complexes gagnent progressivement en velouté et en nuances de sous-bois et de champignons. Il existe un très rare chinon blanc, issu de chenin comme tous les grands blancs du Val de Loire.

L'essor de la cité en a été considérablement favorisé. Le vaste ensemble fortifié dont les ruines dominent la ville et le bord de la Vienne garde les traces imposantes de toutes ces époques prestigieuses, remparts, tours et donjons des XIIe, XIIIe et XIVe siècles.
La ville médiévale qui s'est développée entre la côte et la rivière, sous le château, a encore la saveur des siècles passés. La pierre de construction était extraite du sous-sol creusé d'innombrables galeries, pour beaucoup devenues caves, comme les célèbres Caves Painctes où se réunit aujourd'hui, sur les traces de Pantagruel, la confrérie chinonaise des Bons Entonneurs rabelaisiens. Les maisons anciennes, avec leurs escaliers à vis et leurs puits, se serrent dans les rues qui serpentent au cœur de la « ville-fort », autour de places comme le Grand Carroi, ou autour des églises des différents quartiers : l'église Saint-Maurice, où le roman côtoie le gothique angevin, la collégiale Saint-Mexme, dont il reste des parties de l'édifice primitif du XIe siècle, l'église Saint-Étienne, d'un beau gothique flamboyant. Des hôtels particuliers de la Renaissance ou du XVIIe siècle disent l'opulence des notables chinonais et complètent un ensemble dont la vue la plus étonnante apparaît depuis le pont qui mène, sur l'autre rive de la Vienne, au faubourg Saint-Jacques.

Carrières d'extraction de la pierre de construction, les galeries creusées dans la roche calcaire offrent aujourd'hui des caves à vin incomparables.

Au pied des murailles du château qui surplombe le cours paisible de la Vienne (à droite) commence le vignoble de Chinon, avec ses rangs de cabernet franc (ci-dessus).

## Le chinon, génie des lieux

Active et commerçante, Chinon a été très tôt entourée de vignes. Il faut dire que les terroirs s'y prêtent de tous côtés. Le « bon pays de Véron » si cher à Rabelais, offre autour de Savigny et de Beaumont, à la pointe dessinée par la Vienne et la Loire, des terres doucement ondulées : tout au long de la rive droite de la Vienne, des abords de Chinon – tels les réputés Clos de l'Écho et Clos de l'Olive – aux villages d'amont – Cravant-les-Coteaux, Panzoult –, se succèdent terrasses et coteaux en exposition sud : sur l'autre rive de la rivière, tournant résolument le dos à Chinon, le plateau qui entoure Ligré regarde lui aussi le midi.

La diversité de ces terroirs historiques de l'appellation donne aux chinons des styles différents, du plus immédiatement friand au mieux taillé pour une garde de plusieurs années. Mais toujours ils participent de cette verve rabelaisienne tant ancrée dans l'esprit des lieux… :

*« Du Véron jusqu'à l'Olive*
*Et de l'Olive à Cravant*
*Versons donc à coupes pleines*
*De ce vin car il est bon*
*Et buvons à la Touraine*
*Et buvons au vieux Chinon. »*

# Clisson

## VALLÉE DE LA LOIRE

La Sèvre Nantaise suit tranquillement son cours indolent vers Nantes et la Loire, modestement renforcée à Clisson par les eaux de la Moine. Clisson, sentinelle posée en limite sud du Pays nantais dans un écrin de verdure et de vigne. Là, à la confluence des deux rivières, le dépaysement est surprenant : sous les vestiges d'un de ces châteaux construits à la frontière de la Marche de Bretagne, Clisson s'offre avec un visage à la fois médiéval et « italien », unique en son genre si loin de Rome et de la Toscane. Une sorte de Tivoli français pour le moins inattendu au pays des blancs secs nantais, muscadet et gros-plant, qui semblent n'exister que pour les poissons et les fruits de mer de l'Atlantique !

### Une belle italienne en Pays nantais

De la cité médiévale, après les incendies et les destructions de la terrible guerre de Vendée dans la dernière décennie du XVIII^e siècle, il ne subsiste que quelques édifices. L'église romane Saint-Jacques et les superbes halles du XV^e siècle ont survécu, auxquelles répondent par-delà les siècles l'église Notre-Dame et son style néo-roman italien. Le château est toujours debout, posté sur un escarpement face au point de jonction de la Moine et de la Sèvre, renforcé et modifié du XIII^e au XVII^e siècle, véritable morceau d'histoire de l'art des fortifications. Le château initial, avec ce qui reste de l'énorme donjon couronné de mâchicoulis et sa cour intérieure, jouxte le château du XV^e et ses deux grosses tours. À son pied et le long de la Sèvre, le parc Henri-IV s'étire en une grande promenade qui mène, au-delà du faubourg de la Madeleine, vers la chapelle romane des Templiers, dernier témoignage d'une ancienne commanderie. Mais une nouvelle Clisson apparaît dès le tournant du XVIII^e siècle, à l'initiative des frères Cacault, nantais férus d'art italien, de retour de Rome avec le sculpteur François-Frédéric Lemot.

Reconstruite dans un style italianisant qui vient se mêler aux vestiges médiévaux, Clisson offre, sur les bords de la Sèvre Nantaise, une image inattendue.

Petite ville qui doit son charme au site enchanteur de la Sèvre Nantaise et de la Moine (ci-dessus), Clisson est entourée de l'immense vignoble du Muscadet Sèvre-et-Maine (page de droite).

Séduits par la beauté des lieux et par les ruines, ils mettent en œuvre leur goût italianisant en l'adaptant au site. Un style clissonnais se crée, que prolongent artistes, notables et entrepreneurs locaux : la tuile canal et la brique, les ocres clairs ou rosés, les baies aux arcs en plein cintre, les portiques et les colonnades, les peupliers d'Italie et les pins parasols apportent leur marque dans la cité renaissante. Le modèle, c'est la Garenne-Lemot avec sa villa d'un pur classicisme palladien qu'illustre la cour entourée d'une colonnade en hémicycle, avec sa maison du Jardinier et l'admirable parc qui, avec ses temples, ses édicules, ses grottes et ses statues « à l'antique », semble sorti d'une peinture de Poussin. Maisons et « villas » de style italianisant fleurissent à Clisson et dans ses alentours, telle la Garenne-Valentin et ses jardins en terrasses au-dessus de la Moine. Plus étonnantes, les nombreuses constructions industrielles qui adoptent le même style, moulins à farine ou à papier, filatures participant au XIXe siècle de la résurrection de Clisson et proposant aujourd'hui un remarquable itinéraire dans la ville et la campagne environnante : moulins du château – au bord de la Sèvre et de la Moine en face de la forteresse médiévale –, moulins de la Feuillée, du Plessard, de Persimon, en amont du bourg, moulin du Liveau et filature d'Angreviers, qui dépendent, en aval à côté de Gorges, du château de l'Oiselinière, vaste et beau domaine dont les vignes glissent vers le bord de la Sèvre Nantaise.

### L'excellence du muscadet

Entre Clisson, Vertou et le Loroux-Bottereau, on est au cœur historique du vaste vignoble du muscadet. Cette aire d'appellation, baptisée Muscadet Sèvre-et-Maine, est flanquée, à l'ouest, par le Muscadet Côtes de Grandlieu et, au nord-est, par le Muscadet Coteaux de la Loire. C'est là que s'est imposé dès le début du XVIIIe, après des siècles de vins rouges, le cépage melon de Bourgogne – anciennement bourguignon –, sous ce nom de muscadet qui a fini par s'appliquer au vin et à la contrée. Vin blanc sec et frais, délicatement fruité et floral, légèrement perlant grâce à l'élevage et au tirage « sur lie », il a conquis une place comparable à celle du beaujolais pour les rouges. À base de folle blanche, le VDQS Gros Plant du Pays nantais est plus rustique et plus vif, compagnon de casse-croûte sans façon en bord de mer ou de rivière...

### Un vignoble sous influence

Le style italianisant de Clisson ne s'arrête pas aux portes de la ville : dans l'océan de vignes des rives de la Sèvre, châteaux, domaines et fermes en portent l'empreinte, tel le majestueux château néoclassique de la Noë, en plein vignoble nantais aux environs de Vallet, avec ses dépendances, son orangerie, ses parcs et son vignoble consacré au muscadet. On peut en trouver maintes traces, maisons rurales ou belles demeures, aux alentours du Pallet sur les bords de la Sanguèze, de Mouzillon, de la Haie-Fouassière ou de Saint-Fiacre. Autant dire dans les hauts lieux du vin du Pays nantais, sur les terres qui se distinguent sous le nom de Muscadet Sèvre-et-Maine.

# Saumur

## VALLÉE DE LA LOIRE

Admirable cité construite en tuffeau sur les bords de la Loire (ci-dessus), Saumur s'enorgueillit de son imposant mais élégant château, dressé sur la « côte » au-dessus de la ville (page de droite).

Aujourd'hui comme au temps des très riches heures du duc de Berry, le château de Saumur, fière et élégante architecture dressée sur son promontoire au-dessus de la Loire, annonce de loin l'arrivée sur la ville. Clé sur le fleuve au point de confluence avec le Thouet, où jadis les îles facilitaient naturellement le contrôle de la navigation, Saumur jouit depuis longtemps de sa réputation de « Perle de l'Anjou ». La magnificence des comtes, des ducs et des rois, l'excellence des fameux écuyers du « Cadre noir », l'art des grandes maisons de vin de Saumur, rien ne manque au prestige de la ville.

### Saumur « la Blanche »

« Blanche » du tuffeau si abondant dans l'architecture locale – au contraire d'Angers « la Noire », couleur du schiste de son château –, Saumur s'est enrichie, siècle après siècle d'une prospérité quasi sans faille, de nombreux trésors. Le château bien sûr, admirable construction du XIVe siècle de forme carrée avec quatre tours d'angle, qui abrite aujourd'hui le musée des Arts décoratifs et le musée du Cheval et surtout offre un magnifique point de vue sur les vallées de la Loire et du Thouet. En contrepoint, la ville arbore de fiers vestiges de ses remparts des XVe et XVIe siècles – telle la tour Grenetière ou la tour du Bourg –, au milieu des vieilles rues si riches en maisons anciennes – celle dite « du roi René » ou celle, dans l'île d'Offard, de la reine de Sicile – où flotte encore le souvenir de l'Eugénie Grandet de Balzac... Autres trésors, les églises de Saumur : Saint-Pierre, mêlant roman et gothique, édifiée au pied du château sur une place aux charmantes maisons à pans de bois du XVe siècle, Notre-Dame de Nantilly, sobre et puissant sanctuaire du XIIe siècle situé dans le quartier sans doute le plus ancien de la cité, derrière le château, ou encore Notre-Dame des Ardilliers, forte architecture classique des XVIe et XVIIe siècles qui affirme la présence catholique dans ce bastion du protestantisme.

### Des caves et des vignes

Dans la « côte » qui borde la Loire sur sa rive gauche le long du pays saumurois, le tuffeau calcaire est creusé d'innombrables et souvent très vastes caves, la plupart du temps d'anciennes carrières destinées à la construction locale. Châteaux, manoirs et demeures sont littéralement nés de ces caves qui abritent aujourd'hui leurs vins ! Saint-Hilaire et Saint-Florent, au nord-ouest, se sont ainsi fait un nom : réunis et associés à Saumur, ces deux bourgs accueillent les grandes maisons productrices de saumurs mousseux ou pétillants, à la suite du créateur de la maison Ackerman qui la première, au début du XIXe siècle, investit les lieux. Saint-Florent, jadis siège d'une importante abbaye créée au XIIe siècle dont ne subsistent que de beaux vestiges, et Saint-Hilaire – autrefois nommé

Caractéristique du Val de Loire calcaire, le gigantesque réseau de caves souterraines creusées dans le tuffeau est idéal pour le vin mais aussi pour les champignonnières.

Saint-Hilaire-des-Grottes... – offrent un fabuleux réseau de galeries souterraines, idéales pour l'élaboration des vins effervescents, mais aussi pour la culture du champignon de couche.
Les autres villages de l'aire saumuroise ne sont pas en reste. Répartis au sud-est de Saumur, ils se partagent les terroirs voués aux vignes blanches ou rouges au gré des variations du sol. Mais tous veillent au secret de caves plus extraordinaires les unes que les autres : Dampierre, Souzay-Champigny, Parnay, Turquant au bord de la « côte », Varrains, Chaintré, Chacé – avec son musée du Champigny –, Champigny – qui a donné son nom au Saumur-Champigny –, Saint-Cyr-en-Bourg – et sa grande cave coopérative – sur le plateau, tous rivalisent de charme pour donner au vignoble son inimitable caractère.

## Vins « tranquilles » et vins de « bulles »

Grande est la famille des vins revendiquant le nom de Saumur, blancs de chenin ou rouges de cabernet franc. Mais ce qui a donné son renom au vignoble saumurois – avant que le Saumur-Champigny ne prenne la vedette – ce sont incontestablement les vins effervescents, la part la plus importante de la production.
À base de chenin complété de chardonnay et éventuellement de sauvignon, mais aussi des cépages rouges en usage, l'AOC Saumur Mousseux – dit plus couramment Saumur Brut – est élaborée selon la méthode champenoise. Mais il existe aussi minoritairement l'AOC Saumur Pétillant, plus légère en gaz carbonique, et surtout l'AOC Crémant de Loire, qui s'impose des règles de production plus rigoureuses. Dans tous les cas, les vins se présentent avec un caractère vif et tendre à la fois, et des arômes typiques des blancs de Loire sur tuffeau.

# Savennières

## VALLÉE DE LA LOIRE

Délicieux et typique village angevin, Savennières s'accroche, au milieu de son vignoble, à la rive droite de la Loire.

C'est sans doute un des plus beaux sites de la vallée de la Loire qui s'offre en aval d'Angers, dans une courbe du fleuve ponctuée d'îles que longeaient jadis les « nautonniers », ces mariniers guidant leurs gabares à voile à travers les écueils. En face de la superbe « corniche angevine » dessinée par la rive gauche et de l'île Béhuard, la rive droite autour de Savennières séduit par un vallonnement qu'accentuent les lignes de haies et les bouquets de bois, et surtout l'ordonnance des coteaux de vignes qui regardent la Loire en contrebas, tournés vers la lumière du sud : paysage large et intimiste à la fois, quelque chose de la « douceur angevine » chère à Joachim du Bellay…

### Le prestige de l'Anjou

Seigneurs de l'Anjou, les vins d'AOC Savennières sont exclusivement des blancs issus du noble chenin. Presque toujours secs de nos jours, ils peuvent néanmoins – selon la tradition – être moelleux. Vifs, minéraux, mais pleins et corsés, exigeant plusieurs années pour révéler toute leur complexité, ils atteignent leur plus somptueuse expression dans les deux crus situés sur les pentes surplombant la Loire à l'est de l'appellation : la Roche-aux-Moines – coteau partagé entre plusieurs propriétaires – et la fameuse Coulée de Serrant – propriété unique sur le coteau voisin, sise devant le château de la Roche-aux-Moines.

### Un haut lieu de la Loire angevine

L'Histoire et la viticulture ne s'y sont pas trompées, accordant tôt leurs faveurs à ce lieu privilégié, d'autant que l'île Béhuard offrait un point d'appui facilitant la traversée du fleuve vers Rochefort-sur-Loire, avant la construction du pont. Sur son coteau, le village de Savennières donne à l'Anjou, au milieu de délicieuses vieilles maisons au toit d'ardoises, son plus bel et plus ancien exemple d'église préromane, avec des murs en petit appareil de briques en « arêtes de poisson » qui subsistent

à côté des éléments moins anciens du XII^e siècle – tels le chœur et le clocher – ou du XV^e. Juste devant au milieu de la Loire, l'île Béhuard perpétue une tradition de dévotion à la Vierge, jadis très forte chez les mariniers confrontés quotidiennement aux dangers du fleuve. Et c'est Louis XI, miraculeusement rescapé d'un naufrage sur la Loire, qui a fait construire au XV^e siècle sur un rocher de schiste, Notre-Dame de Béhuard entourée d'un charmant ensemble de ruelles aux maisons datées du XV^e au XVII^e siècle.

Le pays de Savennières, de haute et vieille renommée, ne pouvait qu'attirer les princes : châteaux et belles demeures témoignent de cette prédilection. À commencer par le somptueux château Renaissance de Serrant au milieu de ses douves en eau, à proximité de Saint-Georges-sur-Loire, ou, dans la partie la plus prestigieuse du vignoble, sur les coteaux pentus qui dominent le fleuve, le château XVIII^e siècle de la Roche-aux-Moines, ou encore les manoirs de Chamboureau ou des Lauriers.

Les coteaux, dont les pentes offrent à la vigne une exposition au midi, sont souvent trop raides pour être travaillés à la machine : le cheval est, dans quelques cas, encore utilisé.

# Turquant

VALLÉE DE LA LOIRE

Toute la côte de la rive gauche de la Loire, de Montsoreau à Saumur en passant par Turquant, est le royaume d'un immense et profond monde souterrain, caves ou habitations troglodytiques.

Lorsque la Loire reçoit la Vienne à hauteur de Candes-Saint-Martin, l'Anjou prend la suite de la Touraine avec les belles terres à vigne du Saumurois qui s'étire sur la rive gauche du fleuve. Villages de bord de Loire, châteaux, abbayes – Fontevraud est assurément un des plus extraordinaires ensembles monastiques de France –, moulins à vent « caviers » – tel celui de la Herpinière au-dessus de Turquant – multiplient les charmes d'une contrée douce et tranquille. La longue falaise blanche du rebord du plateau calcaire qui surplombe la vallée est trouée d'étonnantes excavations : anciens sites d'extraction de pierre et habitations troglodytiques, caves à vin, champignonnières, ce monde souterrain constitue une des merveilles du Val de Loire.

### Le chenin et le cabernet franc

Les deux grands cépages du Val de Loire sont tout naturellement ceux du Saumurois. À Turquant, le chenin s'accorde au terroir pour produire des saumurs blancs secs, vifs et floraux, avec des nuances de coing et d'agrumes et une empreinte minérale, ainsi que des saumurs mousseux ou pétillants. Mais il peut aussi donner, dans les bonnes années, de rares et élégants coteaux-de-saumur, blancs tendres ou demi-doux. Le cabernet franc, en rouge, a trouvé ses lettres de noblesse avec le saumur-champigny. Son charme et sa souplesse lui valent beaucoup d'adeptes depuis les années 1970-1980, mais dans les meilleures cuvées, matière et tannins exigent un certain vieillissement pour parfaire le velouté.

### Sur la Côte des Blancs

Cette falaise qui longe la Loire de Montsoreau à Saumur mérite le nom de « Côte des Blancs » pour la qualité de ses saumurs blancs de vieille réputation. Turquant est un des plus remarquables des villages de cette côte esquissée par Victor Hugo, « tantôt roche sauvage, tantôt jardin anglais, couverte d'arbres et de fleurs, couronnée de ceps qui mûrissent et de

cheminées qui fument, trouée comme une éponge, habitée comme une fourmilière »... Sis au bord du plateau et d'un vallon transverse, Turquant a la typicité saumuroise, construit en tuffeau clair et tendre autour de son église du XII^e siècle. Le long du pied de la falaise, les maisons troglodytiques ou semi-troglodytiques s'égrènent, souvent modestes ou désertées, parfois vastes demeures cachées derrière la façade bâtie – comme le logis seigneurial de la Grande Vignolle, aménagé au cours des siècles et comportant une petite chapelle, des cheminées, un pressoir, des dépendances et une fuie du XVI^e siècle –, parfois même – comme au Val-Hulin – véritable hameau souterrain. Mêlant ses premières parcelles aux habitations, le vignoble s'étend largement sur le plateau calcaire en tournant le dos à la Loire pour regarder vers le sud. Magnifique terroir à blancs reconnu – saumurs ou coteaux-de-saumur –, il a aujourd'hui, la mode aidant, conquis les faveurs du public avec le saumur-champigny, le grand vin rouge de l'Anjou. Bien des vignes ont été reconverties du blanc au rouge, parfois exagérément, mais rien ne saurait perturber la sérénité du pays saumurois...

La sobre et belle architecture du Val de Loire doit une bonne part de son élégance à la pierre de tuffeau clair dont elle est faite.

# Vouvray

VALLÉE DE LA LOIRE

Sur la rive droite de la Loire, le village de Vouvray s'allonge au pied de la côte (ci-dessus) où commence le vignoble qui se prolonge sur le plateau en grandes parcelles de chenin (à droite).

Tourangeau et fin connaisseur, Balzac rêvait du château de Moncontour et de la position à la fois discrète et dominante qu'il occupe dans Vouvray. Seul l'argent manqua... Mais on comprend aisément cette prédilection : beauté du site, bonté du vin, aux portes de la ville de Tours. C'est là, en contrebas de Moncontour, que les varennes qui s'étendent largement à hauteur de Noizay et de Vernou-sur-Brenne entre le pied de la côte et la rive droite de la Loire se rétrécissent soudain pour laisser la Cisse, rejointe peu avant par la Brenne, se jeter dans le fleuve. La côte se dresse dès lors au plus près de la rive, surplombant la Loire qui s'étire, faussement paresseuse, entre ses îlots.

### Le chenin, uniquement

Qu'il soit sec, demi-sec, moelleux, liquoreux, mousseux ou pétillant, le vin de Vouvray ne saurait être que blanc, issu du seul chenin. Répartis sur les huit villages d'une appellation dont Vouvray est le cœur, les différents types de terroirs qui couvrent le sous-sol calcaire – terres sableuses, « perruches » argilo-siliceuses ou « aubuis » argilo-calcaires – rendent justice, au gré des expositions et des variations climatiques, à l'extraordinaire plasticité organoleptique du cépage. Sa belle acidité naturelle et la remarquable richesse qu'il peut atteindre dans des vendanges tardives et botrytisées contribuent à cette palette expressive, où dominent des arômes d'acacia, de tilleul, de pomme, de coing, évoluant sur de longues années vers le champignon, les fruits secs, le miel ou la cire, avec des nuances complexes et infinies.

### Un village au pied des vignes

Cette côte qui longe ainsi la Loire, et se poursuit au-delà de Tours vers Langeais, festonne le rebord d'un plateau calcaire légèrement montant auquel seules des « vallées » transversales, longues échancrures pentues, donnent accès. Vouvray est blotti là avec son église presque entièrement reconstruite au XIX$^{e}$ siècle sur ses bases romanes, au pied de la côte, et s'insinue dans ces vallées aux noms charmants, vallée Coquette, vallée Chartier... Partout le calcaire tendre, tuffeau jaune à l'aspect si doux, est creusé

de galeries, carrières pour la pierre à bâtir, abris et logis troglodytiques – voire chapelle comme celle de l'Écheneau aménagée au XVIe siècle –, caves admirables de fraîcheur constante et idéales pour le vin de Vouvray, telle la fameuse cave de la Bonne Dame qui accueille les grandes manifestations vineuses locales.
Sur le plateau et sur les coteaux des vallées, c'est le royaume de la vigne. Et aussi des manoirs ou châteaux, souvent dotés d'un domaine viticole : château de Moncontour, bien sûr, pour l'essentiel du XVe siècle, manoir de la Gaudrelle, avec ses caves à vin et sa chapelle troglodytique du XVIIIe siècle, manoir du Haut-Lieu, bâtisse du XVIIIe au milieu de vignes superbes, entre autres… Caves et maisons suivent le pied de la côte jusqu'au village tout proche de Rochecorbon, surveillé par sa « lanterne », dernier vestige du château édifié au XVe siècle sur la crête. La très belle église romane du village ou celle du hameau de Saint-Georges, construction semi-troglodytique du XIe siècle, rappellent l'importance ancienne des lieux, de réputation vinicole depuis longtemps égale à celle de Vouvray.

# Saint-Pourçain-sur-Sioule

CENTRE

Sur des coteaux accrochés aux rives de la Sioule, le vignoble de Saint-Pourçain est ponctué de villages et de hameaux riches en châteaux, belles demeures et chapelles qui rappellent le prestigieux passé du Bourbonnais (page de droite).

Venue du Puy-de-Dôme et descendant à la rencontre de l'Allier à travers gorges et méandres, la Sioule se glisse aux confins du Bourbonnais et de la Limagne, traçant une imperceptible limite entre pays d'oïl et pays d'oc. Paysage doux et vallonné, ponctué de buttes calcaires sur la rive gauche de la rivière et au bord de son petit affluent la Bouble, la contrée de Saint-Pourçain jouit d'une vieille tradition viticole qui lui a valu, dès que le Bourbonnais s'est affirmé comme un fief majeur au XIII^e^ siècle, une réputation d'excellence que seuls – on l'a un peu oublié de nos jours – les vins de Beaune des XIV^e^ et XV^e^ siècles pouvaient lui disputer.

## Une appellation revigorée

Réduit à moins d'un dixième (environ 600 hectares) du vignoble de jadis, le Saint-Pourçain a aujourd'hui, après avoir connu les tables royales, des charmes plus roturiers. Les rouges sont à base de gamay, fruités, souples et plus ou moins gouleyants selon l'éventuelle proportion de pinot noir. Les blancs préservent le tressalier, cépage traditionnel de la région, mais avec une dominante de chardonnay et parfois de sauvignon. Fort plaisants, avec un parfum de terroir qui contribue à un regain d'intérêt, ces simples VDQS aspirent raisonnablement à être reconnus AOC dans un avenir proche.

## La tranquillité bourbonnaise

Sis entre deux méandres de la Sioule, Saint-Pourçain est un village paisible centré sur sa vaste et curieuse église Sainte-Croix construite entre le XI^e^ et le XV^e^ siècle, mariage de roman et de gothique. L'édifice, asymétrique, encastré dans les maisons d'habitation d'où émerge le beffroi de l'ancien monastère qui entoure la cour des Moines, rappelle par sa taille imposante le rôle qu'a tenu par la cité pendant des siècles, favorisée par sa situation sur la voie menant, par l'intermédiaire de la Loire, jusqu'à la capitale. Tout comme le musée de la Vigne et du Terroir, joliment logé dans la maison du Bailli, bâtisse du XVI^e^ siècle, rappelle la tradition viticole du pays et la richesse des arts et artisanats populaires. Champs, prés et vignes dessinent, aux portes du bourg, la mosaïque tranquille qui s'allonge au sud vers Chantelle sur les coteaux des bords de la Bouble, et remonte au nord jusqu'à Chemilly le long de la Sioule puis de l'Allier, en direction de Moulins. Pays d'églises et de chapelles romanes, de pigeonniers et de châteaux dressés sur les collines... Au plus proche de Saint-Pourçain, Saulcet – sans doute les terres les meilleures du vignoble – se signale par la belle flèche élancée du clocher de son église romane. Verneuil-en-Bourbonnais n'a rien perdu de son aspect médiéval, avec notamment sa solide collégiale Saint-Pierre construite au XII^e^ siècle et dotée au XIV^e^ d'un puissant clocher. En aval sur l'Allier, Châtel-de-Neuvre occupe un site exceptionnel au-dessus de la vallée et offre un des plus beaux exemples d'église romane, de proportions modestes mais de style très pur, dans l'esprit rustique du pays bourbonnais.

# Sancerre

CENTRE

Omniprésente dans le Sancerrois, la vigne se partage entre sauvignon blanc et pinot noir.

Dans sa longue descente vers l'Atlantique, la Loire longe la bordure est du Berry. Pas le Berry champêtre de George Sand ou d'Alain-Fournier, mais le Berry viticole du Sancerrois. Dominant le fleuve au cours majestueux ponctué d'îles de sable et de saules, le paysage surprend par ses collines soudain mouvementées que signale au regard le « piton » de Sancerre. Les pentes parfois très raides sont couvertes de vignes. Les crêtes sont couronnées de bois, les terres moins propices à la viticulture sont laissées aux chèvres qui donnent le crottin de Chavignol – fameux fromage local –, les bas de pentes sont dévolus aux prairies et les vallons aux villages qui parsèment l'appellation.

## Le sancerre et ses terroirs

Sur les 2 500 hectares du vignoble de Sancerre, 80 % sont plantés en sauvignon et 20 % en pinot noir. Cépage blanc aujourd'hui largement dominant, le sauvignon est bien adapté aux terroirs qui définissent l'AOC créée en 1936 et élargie en 1959 au rouge et au rosé.
Les « terres blanches » argilo-calcaires donnent des vins corsés qui demandent un peu de temps – deux à cinq ans – pour s'exprimer, les « caillottes » calcaires donnent des vins fruités et aromatiques savoureux dès la prime jeunesse, les « silex » donnent des vins pleins mais assez sévères avant d'évoluer vers une certaine élégance. Tous ont en commun un fruit marqué de végétal et de minéral. Il n'y a pas de crus à Sancerre, mais nombre de lieux-dits des meilleurs terroirs jouissent d'une réputation confirmée. Ainsi les Monts Damnés sur les « terres blanches » de Chavignol, le Chêne Marchand sur les « caillottes » de Bué ou les Romains sur les « silex » de Sancerre. Parfumés, secs, vifs ou tendres selon les cas, les sancerres connaissent un formidable succès depuis la Seconde Guerre mondiale et surtout depuis les années 1970.

## Une fière cité

Fière et tranquille, dressée dans la douce lumière ligérienne à 306 mètres d'altitude, environ 150 mètres au-dessus de la Loire, Sancerre est resserrée autour de ses ruelles aux noms qui sonnent comme des souvenirs, rue du Carroir-de-Velours, rue des Trois-Piliers, rue des Pressoirs… Avec leurs toits de tuiles ou d'ardoises plus récents, les maisons anciennes gardent leur histoire à fleur de pierre : ici – rue du Carroir-de-Velours – le magasin de tissus du petit-fils de Jacques Cœur, là – au bout de la rue des Juifs – la gabelle de Charles V avec son grenier à sel… Dominant les toits de la cité, le beffroi (1509), symbole de la force montante de la bourgeoisie du XVIe siècle, et surtout la tour des Fiefs (fin XIVe siècle), dernier vestige de l'ancien château des comtes de Sancerre, qui

Du point le plus haut du village de Sancerre, le visiteur découvre une large campagne vallonnée essentiellement vouée à la viticulture.

Dominant tout le vignoble, la ville de Sancerre se dresse sur son « piton », avec le beffroi (à gauche) et la tour des Fiefs (à droite).

offre – en haut de ses cent quatre-vingt-quinze marches – un large et admirable point de vue sur la vallée de la Loire et sur le vignoble. Superbe panorama également depuis la porte César et les remparts qui entourent la ville (remparts des Augustins, des Abreuvoirs, des Dames…).

## Un nom, un vin

« Le vin forme la principale industrie et le plus considérable commerce du pays, qui possède plusieurs crus de vins généreux, pleins de bouquet… », note Balzac en 1843 dans *La Muse du département*. La ville en effet doit l'essentiel de sa prospérité au vignoble, dont l'essor, aux XI^e^ et XII^e^ siècles, va de pair avec la montée en puissance du comté de Sancerre né en 1152 du partage de la maison de Blois-Champagne entre les fils du comte Thibaud IV .C'est pour son vin rouge que Sancerre, alors plantée du pinot noir venu de Bourgogne, conquiert la belle réputation qui est toujours la sienne au temps de Balzac. Mais, à partir de la reconstitution du vignoble après les ravages du phylloxera à la fin du XIX^e^ siècle, c'est le sauvignon, et son vin blanc, qui prend le dessus sur les terroirs de Sancerre et sa suite de villages vignerons au charme si typique, tels que Chavignol – de haute et ancienne renommée –, Amigny, Bué, Verdigny, Sury-en-Vaux, Crézancy ou Ménétréol-sous-Sancerre.

Sis au pied de Sancerre et au bord du canal latéral de la Loire, Ménétréol-sous-Sancerre est un des villages majeurs de l'appellation (à droite).

Polaroil

# Carnet d'adresses

**Ancenis**
(Vallée de la Loire) - page 154
*Principales appellations produites sur la commune* :
Muscadet Coteaux de la Loire, Coteaux d'Ancenis
*Office du tourisme* :
27, rue du Château
44150 Ancenis
Tél. / Fax : 02 40 83 07 44
*Syndicat viticole* :
Syndicat des Coteaux d'Ancenis
Le Pré Hausse
44150 Saint-Géréon
*Cave coopérative viticole* :
Les Vignerons de la Noëlle
Boulevard des Alliers - BP 155
44154 Ancenis
Tél. : 02 40 98 92 72
Fax : 02 40 98 96 70

**Arbin**
(Savoie) - page 58
*Principales appellations produites sur la commune* :
Vin de Savoie Arbin, Vin de Savoie
*Mairie / Office du tourisme* :
Grand-Rue
73800 Arbin
Tél. : 04 79 84 09 25
Fax : 04 79 84 34 55
*Syndicat viticole* :
Comité interprofessionnel des vins de Savoie
3, rue du Château
73000 Chambéry
Tél. : 04 79 33 44 16
Fax : 04 79 85 92 47

**Arbois**
(Jura) - page 50
*Principales appellations produites sur la commune* :
Arbois, Côtes du Jura, Arbois Vin Jaune, Arbois Vin de Paille, Crémant du Jura
*Office du tourisme* :
10, rue de l'Hôtel-de-Ville
39600 Arbois
Tél. : 03 84 66 55 50
*Syndicat viticole* :
Comité interprofessionnel des vins du Jura
Château Pecauld
BP 41 - 39602 Arbois Cedex
Tél. : 03 84 66 26 14
Fax : 03 84 66 10 29
E-mail : civg@jura-vins.com
*Caves coopératives viticoles* :
• Fruitière vinicole d'Arbois
2, rue des Fossés
39600 Arbois
Tél. : 03 84 66 11 67
Fax : 03 84 37 48 80
• Les Ambassadeurs des vins jaunes
Château Pecauld - BP 41
39600 Arbois
Tél. : 03 84 66 26 14
E-mail : percee@jura-vins.com
*Musée* :
Musée de la Vigne et du Vin
Château Pecauld
39600 Arbois
Tél. : 03 84 66 40 45

**Ay**
(Champagne) - page 10
*Principales appellations produites sur la commune :*
Champagne, Coteaux Champenois
*Mairie / Office du tourisme :*
1, place Henri -Martin
51160 Ay
Tél. : 03 26 56 92 10
Fax : 03 26 54 84 76
*Syndicats viticoles :*
• Comité interprofessionnel du vin de Champagne
5, rue Henri-Martin - BP 135
51204 Épernay Cedex
Tél. : 03 26 51 19 30
Fax : 03 26 55 19 79
Site Internet : www.champagne.fr
• Syndicat général des vignerons de la Champagne :
44, av. Jean-Jaurès - BP 176
51205 Épernay Cedex
Tél. : 03 26 59 55 00
Fax : 03 26 54 97 27
Site Internet : www.champagne-vignerons.fr
• Union des maisons de Champagne
1, rue Marie-Stuart
51100 Reims
Tél. : 03 26 47 26 89
Fax : 03 26 47 48 44
Site Internet : www.grand-marque.champagne.com
*Cave coopérative viticole :*
Champagne Raoul Collet
14, boulevard Pasteur
51160 Ay
Tél. : 03 26 55 15 88
Fax : 03 26 54 02 40

**Azay-le-Rideau**
(Vallée de la Loire) - page 156
*Principales appellations produites sur la commune :*
Touraine Azay-le-Rideau, Touraine
*Office du tourisme :*
1, place de l'Europe
37190 Azay-le-Rideau
Tél. : 02 47 45 44 40
Fax : 02 47 45 31 46

**Banyuls**
(Roussillon) - page 116
*Principales appellations produites sur la commune :*
Banyuls, Collioure, Muscat de Rivesaltes
*Office du tourisme :*
Avenue de la République
66650 Banyuls-sur-Mer
Tél. : 04 68 88 31 58
Fax : 04 68 88 36 84
*Syndicat viticole :*
Syndicat du Cru Banyuls
Mas Reige - 66650 Banyuls-sur-Mer
Tél. : 04 68 88 72 92
Fax : 04 68 88 72 94
E-mail : cru.banuyls@wanadoo.fr
*Caves coopératives viticoles :*
• Cave coopérative de l'Étoile
26, avenue du Puig-Del-Mas
BP 32 - 66650 Banyuls-sur-Mer
Tél. : 04 68 88 00 10
Fax : 04 68 88 15 10
• Cave de l'abbé Rous
56, avenue Charles-de-Gaulle
66650 Banyuls-sur-Mer
Tél. : 04 68 88 72 72
Fax : 04 68 88 30 57
• Cave du cellier des Templiers
Rue du Mas-Reig
66652 Banyuls-sur-Mer
Tél. : 04 68 98 36 70
Fax : 04 68 98 36 91

**Baux-de-Provence [Les]**
(Provence) - page 82
*Principale appellation produite sur la commune :*
Les Baux-de-Provence
*Office du tourisme :*
Rue Porte-Mage
13520 Les Baux-de-Provence
Tél. : 04 90 54 34 39
Fax : 04 90 54 51 15
*Syndicat viticole :*
Syndicat des Baux-de-Provence
Estoublon - 13990 Fontvieille
Tél. : 04 90 54 64 00

**Beaune**
(Bourgogne) - page 26
*Principales appellations produites sur la commune :*
Beaune, Beaune Premier Cru, Côte de Beaune, Hautes Côtes de Beaune
*Offices du tourisme :*
• Office du tourisme
1, rue de l'Hôtel-Dieu
21200 Beaune
Tél. : 03 80 26 21 30
Fax : 03 80 26 21 39
• Syndicat touristique des Hautes Côtes
1D, rue du Tribunal
21200 Beaune
Fax : 03 80 22 23 45
*Syndicat viticole :*
Bureau interprofessionnel des vins de Bourgogne
12, bd Bretonnière - BP 150
21204 Beaune Cedex
Tél. : 03 80 25 04 80
Fax : 03 80 25 04 90
E-mail : bivb@wanadoo.fr
*Cave coopérative viticole :*
Les Caves des Hautes Côtes
Route de Pommard
21200 Beaune
Tél. : 03 80 25 01 00
Fax : 03 80 22 87 05
*Musée :*
Musée du Vin de Bourgogne
Palais des ducs de Bourgogne
Rue de l'Enfer
21200 Beaune
Tél. : 03 80 22 08 19

**Bergerac**
(Sud-Ouest) - page 124
*Principales appellations produites sur la commune :*
Bergerac, Côtes de Bergerac, Pécharmant, Rosette
*Office du tourisme :*
97, rue Neuve-d'Argenson
24100 Bergerac
Tél. : 05 53 57 03 11
Fax : 05 53 61 11 04
*Syndicat viticole :*
Conseil interprofessionnel des vins de la région de Bergerac
1, rue des Récollets
24104 Bergerac Cedex
Tél. : 05 53 63 57 57
Fax : 05 53 63 01 30

*Cave coopérative viticole :*
Union vinicole Bergerac Le Fleix
24130 Le Fleix
Tél. : 05 53 24 64 32
Fax : 05 53 24 65 46
*Musée :*
Musée du Vin et de la Batellerie
5, rue des Conférences
24100 Bergerac
Tél. : 05 53 57 80 92

**BLAYE**
(Bordelais) - page 140
*Principales appellations produites sur la commune :*
Blaye, Côtes de Blaye,
Premières Côtes de Blaye
*Office du tourisme :*
2, allées Marines
33390 Blaye
Tél. : 05 57 42 12 09
Fax : 05 57 42 91 94
*Syndicats viticoles :*
• Conseil interprofessionnel
des vins de Bordeaux
1, cours du 30-Juillet
33075 Bordeaux Cedex
Tél. : 05 56 00 22 66
Fax : 05 56 00 22 77
E-mail : civb@vins-bordeaux.fr
• Syndicat viticole et maison du vin
des Côtes de Blaye :
11 cours Vauban
33390 Blaye
Tél. : 05 57 42 91 19
Fax : 05 57 42 85 28
*Cave coopérative viticole :*
Union des producteurs de Blaye
Le Piquet
33390 Cars
Tél. : 05 57 42 13 15
Fax : 05 57 42 84 92

**BONNIEUX**
(Provence) - page 86
*Principale appellation produite sur la commune :*
Côtes du Luberon
*Office du tourisme :*
7, place Carnot
84480 Bonnieux
Tél. : 04 90 75 91 90
Point Phone : 04 90 75 92 94
*Cave coopérative viticole :*
Cave coopérative de Bonnieux
Quartier de la Gare
84480 Bonnieux
Tél. : 04 90 75 80 03
Fax : 04 90 75 92 73

**BOURGUEIL**
(Vallée de la Loire) - page 158
*Principale appellation produite sur la commune :*
Bourgueil
*Office du tourisme :*
Place de l'Église
37140 Bourgueil
Tél. : 02 47 97 91 39
*Syndicat viticole :*
Syndicat des vins de Bourgueil
Maison Jean Carmet
37140 Bourgueil
Tél. : 02 47 97 92 20
Fax : 02 47 97 49 90
*Cave coopérative viticole :*
Cave des grands vins de Bourgueil
16, rue les Chevaliers
37140 Restigné
Tél. : 02 47 97 32 01
Fax : 02 47 97 46 29

**BRIGNOLES**
(Provence) - page 90
*Principales appellations produites sur la commune :*
Coteaux Varois, Côtes de Provence
*Office du tourisme :*
10, rue du Palais
83170 Brignoles
Tél. : 04 94 69 27 51
Fax : 04 94 69 44 08
*Syndicats viticoles :*
• Syndicat des vignerons du Var
83170 - Brignoles
Tél. : 04 94 59 13 58
Fax : 04 94 59 25 20
• Maison des vins coteaux Varois
Abbaye de La Celle
83170 La Celle
Tél. : 04 94 69 33 18
Fax : 04 94 59 04 47

**CAHORS**
(Sud-Ouest) - page 128
*Principale appellation produite sur la commune :*
Cahors
*Office du tourisme :*
Place François-Mitterrand
46000 Cahors
Tél. : 05 65 53 20 65
Fax : 05 65 53 20 74
*Syndicat viticole :*
Union interprofessionnelle
du vin de Cahors
430, av. Jean-Jaurès
46002 Cahors Cedex
Tél. : 05 65 23 22 24
Fax : 05 65 23 22 27
*Cave coopérative viticole :*
Caves des Côtes d'Olt
46140 Parnac
Tél. : 05 65 30 71 86

**CAROMB**
(Vallée du Rhône) - page 66
*Principale appellation produite sur la commune :*
Côtes du Ventoux
*Office du tourisme :*
64, place du Cabaret
84330 Caromb
Tél. : 04 90 62 36 21
Fax : 04 90 62 36 22
*Cave coopérative viticole :*
Cave Saint-Marc - BP 16
84330 Caromb
Tél. : 04 90 62 40 24
Fax : 04 90 62 48 83

**CASSIS**
(Provence) - page 92
*Principale appellation produite sur la commune :*
Cassis
*Office du tourisme :*
Quai des Moulins
13260 Cassis
Tél. : 04 42 01 71 17
*Syndicat viticole :*
Syndicat des Vins de Cassis
Château Fontcreuse
13260 Cassis
Tél. : 04 42 01 32 64
Fax : 04 42 01 28 31

**CERDON**
(Bugey) - page 56
*Principales appellations produites sur la commune :*
Vin du Bugey Cerdon, Vin du Bugey
*Office du tourisme :*
Place Allombert
01450 Cerdon
Tél. : 04 74 39 93 02
*Syndicat viticole :*
Syndicat des vins du Bugey
Av. du 133e Régiment-d'Infanterie
01300 Belley
Tél. : 04 79 81 30 17
Fax : 04 79 81 55 10

**CHABLIS**
(Bourgogne) - page 30
*Principales appellations produites sur la commune :*
Petit Chablis, Chablis,
Chablis Premier Cru,
Chablis Grand Cru
*Office du tourisme :*
1, quai Biez
89800 Chablis
Tél. : 03 86 42 80 80
Fax : 03 86 42 49 71
*Syndicat viticole :*
Bureau interprofessionnel
des vins de Bourgogne
(Chablis/Auxerrois)
Le Petit Pontigny
1, rue de Chichée - BP31
89800 Chablis
Tél. : 03 86 42 42 22
Fax : 03 86 42 80 16
E-mail : bivb@wanadoo.fr
*Cave coopérative viticole :*
La Chablisienne
8, boulevard Pasteur - BP 14
89800 Chablis
Tél. : 03 86 42 89 89
Fax : 03 86 42 89 90

**CHÂTEAU-CHALON**
(Jura) - page 54
*Principales appellations produites sur la commune :*
Château-Chalon, Côtes du Jura
*Mairie / Office du tourisme :*
Rue Saint Jean
39210 Château-Chalon
Tél. : 03 84 44 62 90

**CHÂTEAUNEUF-DU-PAPE**
(Vallée du Rhône) - page 62
*Principales appellations produites sur la commune :*
Châteauneuf-du-Pape,
Côtes du Rhône
*Office du tourisme :*
Place du Portail
84230 Châteauneuf-du-Pape
Tél. : 04 90 83 71 08
Fax : 04 90 83 50 34
E-mail : tourisme-chato9-pape@wanadoo.fr
*Syndicats viticoles :*
• Fédération des syndicats
de producteurs de Châteauneuf-du-Pape
12, avenue Pasteur - BP 12
84231 Châteauneuf-du-Pape Cedex
Tél. : 04 90 83 72 21
Fax : 04 90 83 70 01
Internet : www.chateauneuf.com
• SIDVAOC (Syndicat intercommunal
de défense viticole de l'appellation
d'origine contrôlée)
Institut Rhodanien
2260, route du Grès
84100 Orange
Tél. : 04 90 11 46 23
Fax : 04 90 11 46 24
*Maison des Vins :*
Vinadéa
8, rue Maréchal-Foch
84230 Châteauneuf-du-Pape
Tél./Fax : 04 90 83 70 69
Internet : www.vinadea.com
*Musée :*
Musée du vin
Route d'Avignon
84230 Châteauneuf-du-Pape
Tél. : 04 90 83 70 07
Fax : 04 90 83 74 34
E-mail : musee@brotte.com

**CHEVERNY**
(Vallée de la Loire) - page 160
*Principales appellations produites sur la commune :*
Cheverny, Cour-Cheverny, Touraine

*Office du tourisme :*
12, rue Chêne-des-Dames
41700 Cheverny
Tél. : 02 54 79 95 63
Fax : 02 54 79 23 90

**Chignin**
(Savoie) - page 60
*Principales appellations produites sur la commune :*
Vin de Savoie Chignin,
Vin de Savoie Chignin-Bergeron,
Vin de Savoie
*Mairie / Office du tourisme :*
Chef Lieu
73800 Chignin
Tél. : 04 79 28 10 12
Fax : 04 79 28 01 36
*Syndicat viticole :*
Comité interprofessionnel
des vins de Savoie
3, rue du Château
73000 Chambéry
Tél. : 04 79 33 44 16
Fax : 04 79 85 92 47

**Chinon**
(Vallée de la Loire) - page 162
*Principale appellation produite sur la commune :*
Chinon
*Office du tourisme :*
Place Hofheim
37500 Chinon
Tél. : 02 47 93 17 85
Fax : 02 47 93 93 05
*Musée :*
Musée animé du Vin
et de la Tonnellerie
12, rue Voltaire
37500 Chinon
Tél. : 02 47 93 25 63

**Clisson**
(Vallée de la Loire) - page 166
*Principale appellation produite sur la commune :*
Muscadet Sèvre-et-Maine
*Office du tourisme :*
14, rue Minage
44190 Clisson
Tél. : 02 40 54 02 95
Fax : 02 40 54 07 77

**Collioure**
(Roussillon) - page 120
*Principales appellations produites sur la commune :*
Collioure, Banyuls,
Muscat de Rivesaltes
*Office du tourisme :*
Place du 18-Juin
66190 Collioure
Tél. : 04 68 82 15 47
Fax : 04 68 82 46 29
*Syndicat viticole :*
Syndicat du cru Collioure
Mas Reig
66650 Banyuls-sur-Mer
Tél. : 04 68 88 72 92
Fax : 04 68 88 72 94
E-mail : cru.banyuls@wanadoo.fr
*Cave coopérative viticole :*
Le Cellier des Dominicains
Palce Orphila
66190 Collioure
Tél. : 04 68 82 05 63
Fax : 04 68 82 43 06
E-mail : le-dominicain@wanadoo.fr

**Condrieu**
(Vallée du Rhône) - page 68
*Principales appellations produites sur la commune :*
Condrieu, Côtes du Rhône
*Office du tourisme :*
Place du Séquoia
69420 Condrieu
Fax : 04 74 56 62 83

**Dezize-lès-Maranges**
(Bourgogne) - page 32
*Principales appellations produites sur la commune :*
Maranges, Maranges Premier Cru,
Hautes Côtes de Beaune
*Mairie / Office du tourisme :*
Grande Rue
71150 Dezize-lès-Maranges
Tél. : 03 85 91 15 82
*Syndicats viticoles :*
• Bureau interprofessionnel
des vins de Bourgogne
12, bd Bretonnière
21204 Beaune Cedex
Tél. : 03 80 25 04 80
Fax : 03 80 25 04 90
E-mail : bivb@wanadoo.fr
• Syndicat du cru Maranges :
71150 Dezize-lès-Maranges
Tél. : 03 85 91 15 15
Fax : 03 85 91 11 81

**Eguisheim**
(Alsace) - page 18
*Principales appellations produites sur la commune :*
Alsace Grand Cru Eichberg,
Alsace Grand Cru Pfersigberg, Alsace
Riesling, Alsace Gewurztraminer,
Alsace Tokay-Pinot Gris,
Alsace Pinot Noir, Alsace Muscat
*Office du tourisme :*
22A, Grande Rue
68420 Eguisheim
Tél. : 03 89 23 40 33
Fax : 03 89 41 86 20
Site Internet : www.equisheim.fr
*Syndicats viticoles :*
• Conseil interprofessionnel
des vins d'Alsace
Maison des vins d'Alsace
12, av. de la Foire-aux-Vins
68012 Colmar Cedex
Tél. : 03 89 20 16 20
Fax : 03 89 20 16 30
• Syndicat des vignerons
Récoltants d'Alsace
Rue Jean-Mermoz
68015 Colmar Cedex
Tél. : 03 89 41 97 41
Fax : 03 89 23 01 97
E-mail : virginie@civa.fr
*Cave coopérative viticole :*
Wolfberger
Cave vinicole d'Eguisheim
6, Grande-Rue
68420 Eguisheim
Tél. : 03 89 22 20 20
Fax : 03 89 23 47 09

**Fronsac**
(Bordelais) - page 142
*Principales appellations produites sur la commune :*
Fronsac, Canon-Fronsac
*Mairie / Office du tourisme :*
8, rue Général-de-Gaulle
33126 Fronsac
Tél. : 05 57 51 30 20
Fax : 05 57 51 60 35
*Syndicats viticoles :*
• Conseil interprofessionnel
des vins de Bordeaux
1, cours du 30-Juillet
33075 Bordeaux Cedex
Tél. : 05 56 00 22 66
Fax : 05 56 00 22 77
E-mail : civb@vins-bordeaux.fr
• Syndicat viticole
et Maison du vin de Fronsac
et Canon-Fronsac
Plaisance - 33126 Fronsac
Tél. : 05 57 51 80 51
Fax : 05 57 25 98 19

**Gaillac**
(Sud-Ouest) - page 130
*Principales appellations produites sur la commune :*
Gaillac, Premières Côtes de Gaillac
*Office du tourisme :*
Place Saint-Michel
81600 Gaillac
Tél. : 05 63 57 14 65
Fax : 05 63 57 61 37
*Syndicat viticole :*
Comité interprofessionnel
des vins de Gaillac
Maison de la vigne et du vin
81600 Gaillac
Tél. : 05 63 57 70 60
Fax : 05 63 57 70 61
E-mail : civg@vins-gaillac.com

**Gigondas**
(Vallée du Rhône) - page 70
*Principales appellations produites sur la commune :*
Gigondas, Côtes du Rhône
*Office du tourisme :*
Place du Portail
84190 Gigondas
Tél. : 04 90 65 85 46
Fax : 04 90 65 88 42
*Cave coopérative viticole :*
Cave des vignerons de Gigondas
84190 Gigondas
Tél. : 04 90 65 86 27
Fax : 04 90 65 80 13

**Grignan**
(Vallée du Rhône) - page 74
*Principale appellation produite sur la commune :*
Coteaux du Tricastin
*Office du tourisme :*
Grande-Rue
26230 Grignan
Tél. : 04 75 46 56 75
Fax : 04 75 46 56 64
*Syndicat viticole :*
Syndicat des vignerons
des Coteaux du Tricastin
Domaine de Grangeneuve
26230 Roussas
Tél. : 04 75 46 55 96

**Hautvillers**
(Champagne) - page 12
*Principales appellations produites sur la commune :*
Champagne, Coteaux Champenois
*Mairie / Office du tourisme :*
123, rue Henri-Martin
51160 Hautvillers
Tél. : 03 26 59 40 19
Fax : 03 26 59 47 45
*Syndicats viticoles :*
• Comité interprofessionnel
du vin de Champagne
5, rue Henri-Martin - BP 135
51204 Épernay Cedex
Tél. : 03 26 51 19 30
Fax : 03 26 55 19 79
Site Internet : www.champagne.fr
• Syndicat général
des vignerons de la Champagne
44, av. Jean-Jaurès - BP 176
51205 Épernay Cedex
Tél. 03 26 59 55 00
Fax : 03 26 54 97 27
Site Internet :
www.champagne-vignerons.fr
• Union des maisons de Champagne
1, rue Marie-Stuart
51100 Reims
Tél. : 03 26 47 26 89
Fax : 03 26 47 48 44
Site Internet :
www.grand-marque.champagne.com

*Musée :*
Musée de l'abbaye d'Hautvillers
Rue de Cumières
51160 Hautvillers
(Moët et Chandon, visites sur demande)
Tél. : 03 26 59 42 67

**IRANCY**
(Bourgogne) - page 34
*Principale appellation*
*produite sur la commune :*
Irancy
*Mairie / Office du tourisme :*
89290 Irancy
*Syndicat viticole :*
Bureau interprofessionnel des vins
de Bourgogne (Chablis/Auxerrois)
Le Petit Pontigny
1, rue de Chichée BP31
89800 Chablis
Tél. : 03 86 42 42 22
Fax : 03 86 42 80 16
E-mail : bivb@wanadoo.fr

**IROULÉGUY**
(Sud-Ouest) - page 134
*Principale appellation*
*produite sur la commune :*
Irouléguy
*Mairie / Office du tourisme :*
64220 Irouléguy
*Syndicat viticole :*
Syndicat des vignerons AOC. Irouléguy
64430 Irouléguy
Tél. : 05 59 37 41 33
Fax : 05 59 37 47 76
*Cave coopérative viticole :*
Les Maîtres Vignerons d'Irouléguy
Route de Saint-Jean-Pied-de-Port
64430 Saint-Étienne-de-Baïgorry
Tél. : 05 59 37 41 33
Fax : 05 59 37 47 76

**KIENTZHEIM**
(Alsace) - page 20
*Principales appellations*
*produites sur la commune :*
Alsace Grand Cru Schlossberg,
Alsace Grand Cru Furstentum,
Alsace Riesling, Alsace
Gewurztraminer, Alsace Tokay-Pinot
Gris, Alsace Pinot Noir, Alsace Muscat
*Mairie / Office du tourisme :*
13, Grand'Rue
68240 Kientzheim
Tél. : 03 89 47 12 62
Fax : 03 89 78 14 65
*Syndicats viticoles :*
• Syndicat des vignerons Récoltants
d'Alsace
Rue Jean-Mermoz
68015 Colmar Cedex
Tél. : 03 89 41 97 41
Fax : 03 89 23 01 97
• Conseil interprofessionnel
des vins d'Alsace
Maison des vins d'Alsace
12, av. de la Foire-aux-Vins
68012 Colmar Cedex
Tél. : 03 89 20 16 20
Fax : 03 89 20 16 30
Site Internet : www.vinalsace.com
*Cave coopérative viticole :*
Cave de Kientzheim-Kaysersberg
10, rue des Vieux-Moulins
68240 Kientzheim
Tél. : 03 89 47 13 19
Fax : 03 89 47 34 38
*Musée :*
Musée du Vignoble
et des Vins d'Alsace
Château - Confrérie Saint-Étienne
1 bis, Grand'Rue
68240 Kientzheim
Tél. : 03 89 78 21 36

**LAGRASSE**
(Languedoc) - page 108
*Principale appellation*
*produite sur la commune :*
Corbières
*Office du tourisme :*
6, bd de la Promenade
11220 Lagrasse
Tél. : 04 68 43 11 56
Fax : 04 68 43 16 34

**MADIRAN**
(Sud-Ouest) - page 136
*Principales appellations*
*produites sur la commune :*
Madiran, Pacherenc du Vic Bilh
*Mairie / Office du tourisme :*
34, route du Vignoble
65700 Madiran
Tél. : 05 62 31 98 09
Fax : 05 62 31 90 09
*Syndicat viticole :*
Syndicat des vignerons AOC
de Madiran
65700 Madiran
Tél. : 05 62 31 90 67
Fax : 05 62 31 90 79
*Cave coopérative viticole :*
Les Vignerons du Vic Bilh Madiran
64350 Crouseilles
Tél. : 05 59 68 10 93
Fax : 05 59 68 14 33

**MARCILLAC**
(Sud-Ouest) - page 138
*Principale appellation*
*produite sur la commune :*
Marcillac
*Mairie / Office du tourisme :*
Rue de la Mairie
12330 Marcillac
Tél. : 05 65 71 72 25
Fax : 05 65 71 82 92
*Syndicat viticole :*
Syndicat des Viticulteurs
de l'AOC Marcillac
Carrefour de l'Agriculture
12026 Rodez Cedex 09
Tél. : 05 65 73 77 00
*Cave coopérative viticole :*
Cave vinicole du Vallon-Valady
12330 Marcillac
Tél. : 05 65 72 70 21

**MARGAUX**
(Bordelais) - page 144
*Principales appellations*
*produites sur la commune :*
Margaux, Haut Médoc, Bordeaux
*Office du tourisme :*
Maison du vin
et du tourisme de Margaux
Place de la Trémoille
33460 Margaux
Tél. : 05 57 88 70 82
Fax : 05 57 88 38 27
*Syndicats viticoles :*
• Conseil interprofessionnel
des vins de Bordeaux
1, cours du 30-Juillet
33075 Bordeaux Cedex
Tél. : 05 56 00 22 66
Fax : 05 56 00 22 77
E-mail : civb@vins-bordeaux.fr
• Maison du vin et du tourisme
et syndicat viticole de Margaux
Place de la Tremoille
33460 Margaux
Tél. : 05 57 88 70 82
Fax : 05 57 88 38 27

**MÉNERBES**
(Provence) - page 96
*Principale appellation*
*produite sur la commune :*
Côtes du Luberon
*Mairie / Office du tourisme :*
Place de l'Horloge
84560 Ménerbes
Tél. : 04 90 72 22 05
Fax : 04 90 72 48 13
*Musée :*
Musée du Tire-Bouchon
Route de Cavaillon
84560 Ménerbes
Tél. : 04 90 72 41 58
Fax : 04 90 72 41 59

**MINERVE**
(Languedoc) - page 112
*Principale appellation*
*produite sur la commune :*
Minervois
*Mairie / Office du tourisme :*
2, rue des Remparts
34210 Minerve
Tél. / Fax : 04 68 91 22 92
*Syndicat viticole :*
Syndicat du cru Minervois
Château de Siran
34210 Siran
Tél. : 04 68 27 80 00
Fax : 04 68 27 80 01

**MONTMARTRE**
(Paris) - page 8
*Principale appellation*
*produite sur la commune :*
Clos Montmartre (hors commerce,
vendu aux enchères au profit
des œuvres de la Commune libre
de Montmartre)
*Office du tourisme :*
Syndicat d'initiative de Montmartre
21, place du Tertre
75018 Paris
Tél. : 01 42 62 21 21
Fax : 01 42 62 60 68

**OINGT**
(Beaujolais) - page 46
*Principales appellations*
*produites sur la commune :*
Beaujolais, Beaujolais-Villages
*Mairie / Office du tourisme :*
Rue Paul-Causeret
69620 Oingt
Tél. : 04 74 71 21 24
Fax : 04 74 71 15 50
*Syndicat viticole :*
Union interprofessionnelle
des vins du Beaujolais
210, boulevard Vermorel
69661 Villefranche Cedex
Tél. : 04 74 02 22 10
Fax : 04 74 02 22 19
E-mail : uivb@beaujolais.com
*Cave coopérative viticole :*
Cave des vignerons du Doury
69620 Le Bois-d'Oingt
Tél. : 04 74 71 30 52
Fax : 04 74 71 35 28

**PATRIMONIO**
(Corse) - page 106
*Principales appellations*
*produites sur la commune :*
Patrimonio, Muscat du Cap Corse
*Mairie / Office du tourisme :*
Le Village
20253 Patrimonio
Tél. : 04 95 37 08 49
Fax : 04 95 37 05 78
*Syndicat viticole :*
Comité interprofessionnel
des vins de Corse
Immeuble Santa Cruz
20600 Bastia
Tél. : 04 95 30 81 91
Fax : 04 95 30 71 14

**PERNAND-VERGELESSES**
(Bourgogne) - page 38
*Principales appellations produites sur la commune :*
Pernand-Vergelesses, Pernand-Vergelesses Premier Cru, Corton, Corton-Charlemagne
*Mairie / Office du tourisme :*
Village de Pernand
21420 Pernand-Vergelesses
Tél. : 03 80 21 57 05
Fax : 03 80 26 13 67
*Syndicat viticole :*
Bureau interprofessionnel des vins de Bourgogne
12, bd Bretonnière
21204 Beaune Cedex
Tél. : 03 80 25 04 80
Fax : 03 80 25 04 90
E-mail : bivb@wanadoo.fr

**RICEYS [LES]**
(Champagne) - page 14
*Principales appellations produites sur la commune :*
Rosé des Riceys, Champagne, Coteaux Champenois
*Office du tourisme :*
14, place des Héros-de-la-Résistance
10340 Les Riceys-Haut
Tél. : 03 25 29 15 38
*Syndicats viticoles :*
• Comité interprofessionnel du vin de Champagne
5, rue Henri-Martin
BP 135
51204 Épernay Cedex
Tél. : 03 26 51 19 30
Fax : 03 26 55 19 79
Site Internet : www.champagne.fr
• Syndicat général des vignerons de la Champagne
44, av. Jean-Jaurès
BP 176
51205 Épernay Cedex
Tél. : 03 26 59 55 00
Fax : 03 26 54 97 27
Site Internet : www.champagne-vignerons.fr
• Union des maisons de Champagne
1, rue Marie-Stuart
51100 Reims
Tél. : 03 26 47 26 89
Fax : 03 26 47 48 44
Site Internet : www.grand-marque.champagne.com

**RIQUEWIHR**
(Alsace) - page 22
*Principales appellations produites sur la commune :*
Alsace Grand Cru Schoenenbourg, Alsace Grand Cru Sporen, Alsace Riesling, Alsace Gewurztraminer, Alsace Tokay-Pinot Gris, Alsace Pinot Noir, Alsace Muscat
*Office du tourisme :*
2, rue de la Première-Armée-Française
68340 Riquewihr
Tél. : 03 89 49 08 40
Fax : 03 89 49 08 49
*Syndicats viticoles :*
• Syndicat des vignerons récoltants d'Alsace
Rue Jean-Mermoz
68015 Colmar Cedex
Tél. : 03 89 41 97 41
Fax : 03 89 23 01 97
• Conseil interprofessionnel des vins d'Alsace
Maison des vins d'Alsace
12, av. de la Foire-aux-Vins
68012 Colmar Cedex
Tél. : 03 89 20 16 20
Fax : 03 89 20 16 30
Site Internet : www.vinsalsace.com

**ROQUEBRUN**
(Languedoc) - page 114
*Principale appellation produite sur la commune :*
Saint-Chinian
*Office du tourisme :*
Avenue des Orangers
34460 Roquebrun
Tél. : 04 67 89 79 97
*Cave coopérative viticole :*
Cave de Roquebrun
Avenue des Orangers
34460 Roquebrun
Tél. : 04 67 89 64 35
Fax : 04 67 89 57 93

**SAINT-ÉMILION**
(Bordelais) - page 146
*Principales appellations produites sur la commune :*
Saint-Émilion, Saint-Émilion Grand Cru, Saint-Émilion Grand Cru Classé, Saint-Émilion Premier Grand Cru Classé
*Office du tourisme :*
Place des Créneaux
33330 Saint-Émilion
Tél. : 05 57 55 28 28
Fax : 05 57 55 28 29
*Syndicats viticoles :*
• Conseil interprofessionnel des vins de Bordeaux
1, cours du 30-Juillet
33075 Bordeaux Cedex
Tél. : 05 56 00 22 66
Fax : 05 56 00 22 77
E-mail : civb@vins-bordeaux.fr
• Le Collège des vins de Saint-Émilion
Rue Guadet - BP 15
33330 Saint-Émilion
Tél. : 05 57 55 50 50
Fax : 05 57 55 53 10
*Caves coopératives viticoles :*
• Union de producteurs de Saint-Émilion
1, rue Goudichaux
33330 Saint-Émilion
Tél. : 05 57 24 70 71
Fax : 05 57 24 65 18
• Cave de Puisseguin Lussac Saint-Émilion
33570 Lussac
Tél. : 05 57 55 50 40
Fax : 05 57 74 57 43
*Musée :*
Musée de la Bouteille
2, rue du Couvent
33330 Saint-Émilion
Tél. : 05 57 24 70 20

**SAINT-MACAIRE**
(Bordelais) - page 150
*Principales appellations produites sur la commune :*
Côte de Bordeaux Saint-Macaire, Bordeaux
*Office du tourisme :*
8, rue du Canton
33490 Saint-Macaire
Tél. : 05 56 63 32 14
Fax : 05 56 76 13 24
*Syndicat viticole :*
Conseil interprofessionnel des vins de Bordeaux
1, cours du 30-Juillet
33075 Bordeaux Cedex
Tél. : 05 56 00 22 66
Fax : 05 56 00 22 77
E-mail : civb@vins-bordeaux.fr
*Cave coopérative viticole :*
Cave des Côtes de Bordeaux Saint-Macaire
33490 Saint-Pierre-Aurillac
Tél. : 05 56 63 54 84
Fax : 05 56 62 37 94

**SAINT-MAXIMIN-LA-SAINTE-BAUME**
(Provence) - page 100
*Principales appellations produites sur la commune :*
Coteaux Varois, Côtes de Provence
*Office du tourisme :*
Place de l'Hôtel-de-Ville
83470 Saint-Maximin-la-Sainte-Baume
Tél. : 04 94 59 84 59
*Cave coopérative viticole :*
Cellier de la Sainte-Baume
Avenue Estienne-d'Orves
83470 Saint-Maximin-la-Sainte-Baume
Tél. : 04 94 78 03 97
Fax : 04 94 78 07 40

**SAINT-POURÇAIN-SUR-SIOULE**
(Centre) - page 180
*Principale appellation produite sur la commune :*
Saint-Pourçain
*Office du tourisme :*
Boulevard Ledru-Rollin
03500 Saint-Pourçain-sur-Sioule
Tél. : 04 70 45 94 30
Fax : 04 70 45 94 05
*Cave coopérative viticole :*
Union des vignerons de Saint-Pourçain
Quai de la Ronde - BP 27
03500 Saint-Pourçain-sur-Sioule
Tél. : 04 70 45 42 82
Fax : 04 70 45 99 34
*Musée :*
Musée de la Vigne et du Vin
Cour des Bénédictines
03500 Saint-Pourçain-sur-Sioule
Tél. : 04 70 45 32 73

**SAINT-ROMAN-DE-BELLET**
(Nice) - page 102
*Principale appellation produite sur la commune :*
Bellet
*Office du tourisme :*
Aéroport Nice Côte Azur
06200 Nice
Tél. : 04 93 21 44 11

**SANCERRE**
(Centre) - page 182
*Principale appellation produite sur la commune :*
Sancerre
*Office du tourisme :*
Nouvelle Place - 18300 Sancerre
Tél. : 02 48 54 08 21
Fax : 02 48 78 03 58
E-mail : OT.sancerre@wanadoo.fr
*Syndicats viticoles :*
• Bureau interprofessionnel des vins du Centre
9, route de Chavignol
18300 Sancerre
Tél. : 02 48 78 51 07
Fax : 02 48 78 51 08
E-mail : bivc@wanadoo.fr
• UVS (Union viticole sancerroise)
9, route de Chavignol
18300 Sancerre
Tél. : 02 48 78 51 03
Fax : 02 48 78 51 04
E-mail : uvs@wanadoo.fr
*Cave coopérative viticole :*
La Cave des vins de Sancerre
Avenue de Verdun
18300 Sancerre
Tél. : 02 48 54 19 24
Fax : 04 48 54 16 44

**SAUMUR**
(Vallée de la Loire) - page 170
*Principales appellations produites sur la commune :*
Saumur, Saumur-Champigny, Coteaux de Saumur, Saumur Brut Crémant de Loire, Anjou

*Office du tourisme :*
Place Bilange
49400 Saumur
Tél. : 02 41 40 20 60
Fax : 02 41 40 20 69
*Syndicats viticoles :*
• Syndicat des Coteaux de Saumur
25, rue Beaurepaire
49440 Saumur
Tél. : 02 41 51 16 40
Fax : 02 41 51 16 14
• Syndicat d'appellation Saumur rouge
1, rue des Ducs-d'Aquitaine
49260 Le Puy-Notre-Dame
Tél. : 02 41 52 24 46
Fax : 02 41 52 39 96
*Cave coopérative viticole :*
Les Vignerons de Saumur
Route du Mureau
49260 Saint-Cyr-en-Bourg
Tél. : 02 41 53 06 08
Fax : 02 41 51 69 13

**SAUTERNES**
(Bordelais) - page 152
*Principale appellation*
*produite sur la commune :*
Sauternes
*Office du tourisme :*
11, rue Principale
33210 Sauternes
Tél. : 05 56 76 69 13
Fax : 05 57 31 00 67
*Syndicats viticoles :*
• Conseil interprofessionnel
des vins de Bordeaux
1, cours du 30-Juillet
33075 Bordeaux Cedex
Tél. : 05 56 00 22 66
Fax : 05 56 00 22 77
E-mail : civb@vins-bordeaux.fr
• Syndicat Viticole de Sauternes
Place de la Mairie
33210 Sauternes
Tél. : 05 56 76 60 37
Fax : 05 56 76 69 67

**SAVENNIÈRES**
(Vallée de la Loire) - page 174
*Principales appellations*
*produites sur la commune :*
Savennières,
Savennières Coulée de Serrant,
Savennières Roche-aux-Moines,
Anjou, Anjou-Villages
*Mairie / Office du tourisme :*
4, rue de la Cure
49170 Savennières
Tél. : 02 41 72 85 00
*Syndicat viticole :*
Syndicat des producteurs
des vins de Savennières
Château d'Épire
49170 Savennières
Tél. : 02 41 77 15 01
Fax : 02 41 77 16 23

**SÉGURET**
(Vallée du Rhône) - page 76
*Principales appellations*
*produites sur la commune :*
Côtes du Rhône-Villages Séguret,
Côtes du Rhône
*Mairie / Office du tourisme :*
Rue des Poternes
84110 Séguret
Tél. : 04 90 46 91 06
Fax : 04 90 46 82 33
*Syndicat viticole :*
Interprofession des vins AOC.
Côtes du Rhône et Vallée du Rhône
Maison des vins
6, rue des Trois-Faucons
84000 Avignon
Tél. : 04 90 27 24 00
Fax : 04 90 27 24 13
E-mail : maison@vivarhone.com
*Cave coopérative viticole :*
Les Vignerons de Roaix-Séguret
84110 Séguret
Tél. : 04 90 46 91 13
Fax : 04 90 46 94 59

**SIERCK-LES-BAINS**
(Moselle) - page 16
*Principale appellation*
*produite sur la commune :*
Vin de Moselle
*Office du tourisme :*
Rue du Château
57480 Sierck-les-Bains
Tél. : 03 82 83 74 14
Fax : 03 82 83 22 10
*Syndicat viticole :*
Syndicat des viticulteurs de la Moselle
64, av. André-Malraux
57045 Metz Cedex
Tél. : 03 82 83 74 81
Fax : 03 82 83 69 70

**SOLUTRÉ-POUILLY**
(Mâconnais) - page 44
*Principales appellations*
*produites sur la commune :*
Pouilly-Fuissé, Mâcon, Mâcon-Villages
*Mairie / Office du tourisme :*
Le Bourg
71960 Solutré-Pouilly
Tél. : 03 85 35 81 90
Fax : 03 85 35 88 07
*Syndicat viticole :*
Syndicat du cru Pouilly-Fuissé
71960 Solutré-Pouilly
Tél. : 03 85 35 81 88
Fax : 03 85 35 82 92

**SUZE-LA-ROUSSE**
(Vallée du Rhône) - page 80
*Principales appellations*
*produites sur la commune :*
Côtes du Rhône,
Côtes du Rhône-Villages,
Coteaux du Tricastin
*Office du tourisme :*
Le Village
26790 Suze-la-Rousse
Tél. : 04 75 04 81 41
*Syndicat viticole :*
Interprofession des vins AOC.
Côtes du Rhône et Vallée du Rhône
Maison des Vins
6, rue des Trois-Faucons
84000 Avignon
Tél. : 04 90 27 24 00
Fax : 04 90 27 24 13
E-mail : maison@vivarhone.com
*Cave coopérative viticole :*
Cave Costes Rousses
2, avenue des Alpes
26790 Suze-la-Rousse
Tél. : 04 75 97 23 10
Fax : 04 75 93 38 36
*Centre de documentation :*
Université du Vin
Le Château
26790 Suze-la-Rousse
Tél. : 04 75 97 21 30
Fax : 04 75 98 24 20

**TURQUANT**
(Vallée de la Loire) - page 176
*Principales appellations*
*produites sur la commune :*
Saumur, Saumur-Champigny,
Coteaux de Saumur,
Crémant de Loire
*Mairie / Office du tourisme :*
Rue de la Mairie
49730 Turquant
Tél. : 02 41 38 15 32

**VAUX-EN-BEAUJOLAIS**
(Beaujolais) - page 48
*Principales appellations*
*produites sur la commune :*
Beaujolais, Beaujolais-Villages
*Mairie / Office du tourisme :*
Le Bourg
69460 Vaux-en-Beaujolais
Tél. : 04 74 03 20 07
Fax : 04 74 03 26 54
*Syndicat viticole :*
Union interprofessionnelle
des vins du Beaujolais
210, boulevard Vermorel
69661 Villefranche Cedex
Tél. : 04 74 02 22 10
Fax : 04 74 02 22 19
E-mail : uivb@beaujolais.com
*Musée de la Vigne et du Vin :*
69460 Vaux-en-Beaujolais
Tél. : 04 74 03 26 58

**VÉZELAY**
(Bourgogne) - page 40
*Principales appellations*
*produites sur la commune :*
Bourgogne Vézelay, Bourgogne
*Office du tourisme :*
Rue Saint-Pierre
89450 Vézelay
Tél. : 03 86 33 23 69
Fax : 03 86 33 34 00
*Syndicat viticole :*
Bureau interprofessionnel des vins
de Bourgogne (Chablis/Auxerrois)
Le Petit Pontigny
1, rue de Chichée BP31
89800 Chablis
Tél. : 03 86 42 42 22
Fax : 03 86 42 80 16
E-mail : bivb@wanadoo.fr
*Cave coopérative viticole :*
La Vézelienne
89450 Vézelay
Tél. : 03 86 33 29 62
Fax : 03 86 33 35 03

**VOUGEOT**
(Bourgogne) - page 42
*Principale appellation*
*produite sur la commune :*
Clos de Vougeot
*Mairie / Office du tourisme :*
Rue du Vieux-Château
21640 Vougeot
Tél. : 03 80 62 86 14
Fax : 03 80 62 82 99
*Musée :*
Château du Clos de Vougeot
Rue de la Montagne
21640 Vougeot
Tél. : 03 80 62 86 09

**VOUVRAY**
(Vallée de la Loire) - page 178
*Principales appellations*
*produites sur la commune :*
Vouvray, Vouvray Pétillant
*Mairie / Office du tourisme :*
1, rue Léon-Gambetta
37210 Vouvray
Tél. : 02 47 52 70 48
Fax : 02 47 52 67 76
*Syndicat viticole :*
Syndicat viticole du Vouvray
Vallée Chartier
37210 Vouvray
Tél. : 02 47 52 63 07
Fax : 02 47 52 65 59
*Cave coopérative viticole :*
Cave des producteurs de Vouvray
38, vallée Coquette
37210 Vouvray
Tél. : 02 47 52 75 03
Fax : 02 47 52 66 41

## Crédits icononographiques

• Archipel studio : pages 18b, 28b, 46b, 58b, 60b, 62a, 66b, 68b, 74, 77, 92b, 116, 122b, 128a, 140b, 142b, 152b, 158b, 172.
• Nicole Colin : carte de la page 4.
• DIAF :
G. Biolay : page 132 ;
Tristan Deschamps : pages 182-183 ;
Jean-Paul Garcin : pages 71, 114-115, 121, 122a ;
J.-C. Gérard : pages 36-37 ;
Gérard Gsell : pages 98-99 ;
M. Mastrojanni : page 53 ;
Rosine Mazin : pages 72-73 ;
Camille Moirenc : pages 70, 78-79, 87, 97 ;
J.-Ch. Pratt : pages 158-159 ;
Erwan Quemere : pages 110-111 ;
Jacques Sierpinski : pages 6, 54a, 60a, 109, 131 ;
Patrick Somelet : pages 60-61, 80b ;
Jean-Daniel Sudres : pages 30-31, 47, 156, 156-157, 161, 174-175, 178-179 ;
Daniel Thierry : pages 35, 40-41, 43.
• Friedrich Gier : pages 16, 26, 27, 28a, 28-29, 38-39, 42, 162-163, 171, 184.
• Vincent Lyky : pages 8b, 14, 50b, 54b.
• Musée du tire-bouchon : page 96a.
• SCOPE :
Louis Audoubert : page 135 ;
Jean-Luc Barde : pages 19, 44, 45, 46a, 48ab, 49, 56-57, 58a, 58-59, 76, 106-107, 108, 116-117, 118-119, 120-121, 123, 124-125, 125, 126, 126-127, 128b, 129, 130, 132-133, 134, 136, 137, 138, 139, 144, 146-147, 148ab, 148-149, 152a, 180, 181 ;
Philippe Blondel : pages 40, 74-75, 80a, 81, 154, 178 ;
Isabelle Eshraghi : pages 8a, 9 ;
Daniel Gorgeon : pages 92-93 ;
Michel Gotin : pages 14-15 ;
Jacques Guillard : pages 10a, 11, 12ab, 12-13, 16-17, 18a, 20, 20-21, 22, 22-23, 23, 24-25, 30b, 31, 32, 34-35, 39, 50a, 51, 52, 55, 56, 62b, 63, 64-65, 66a,66-67, 68a, 69, 76-77, 82, 82-83, 84, 85, 86, 88-89, 90, 91, 92a, 94-95, 96b, 100, 101, 102, 103, 104-105, 112, 112-113, 114, 157, 158a, 160a, 166-167, 168, 169, 170, 172-173, 174, 176, 176-177, 184-185 ;
Michel Guillard : pages 10b, 140a, 140-141, 142a, 142-143, 145, 146, 150-151, 152-153, 160b, 164-165, 182 ;
Noël Hautemanière : page 117 ;
Francis Jalain : pages 33, 163 ;
Michel Plassard : pages 155, 164.
• Jacques Verroust : page 30a.